华侨华人与中华文化的海外传承和传播研究

中央统战部培训中心◎编著

中国华侨出版社
·北京·

图书在版编目（CIP）数据

华侨华人与中华文化的海外传承和传播研究 / 中央统战部培训中心编著. — 北京：中国华侨出版社，2023.3
ISBN 978-7-5113-8641-0

Ⅰ.①华… Ⅱ.①中… Ⅲ.①中华文化—文化传播—研究 Ⅳ.①G125

中国版本图书馆CIP数据核字（2021）第248979号

● 华侨华人与中华文化的海外传承和传播研究

编　　著 / 中央统战部培训中心
责任编辑 / 高文喆　桑梦娟
封面设计 / 姜宜彪
经　　销 / 新华书店
开　　本 / 710毫米×1000毫米　　1/16　　印张/11　　字数/170千字
印　　刷 / 北京天正元印务有限公司
版　　次 / 2023年3月第1版
印　　次 / 2023年3月第1次印刷
书　　号 / ISBN 978-7-5113-8641-0
定　　价 / 48.00元

中国华侨出版社　　北京市朝阳区西坝河东里77号楼底商5号　　邮编：100028
发 行 部：（010）64443051　　传　真：（010）64439708
网　　址：http://www.oveaschin.com　　E-mail：oveaschin@sina.com

如发现印装质量问题，影响阅读，请与印刷厂联系调换。

编委会

主　编：赵　健

编　委：（按姓氏笔画排名）

　　　　王玲玲　李晓宏　赵　健　项　健
　　　　梁　婷　程　远　樊银戈　魏祖秀

目 录
CONTENTS

第一章　总　论 / 1

　　一、文化与中华文化 / 1

　　二、中华文化海外传承和传播具有重大意义 / 3

　　三、华侨华人在中华文化海外传承和传播方面具有深厚潜力 / 8

　　四、华侨华人在中华文化海外传承和传播中面临的机遇和挑战 / 17

第二章　华侨华人生活方式与中华文化海外传承和传播 / 25

　　一、中外文化交流与华侨华人社会 / 25

　　二、华侨华人生活方式文化交流的主要内容与影响 / 29

　　三、面临的机遇和挑战 / 51

　　四、推进华侨华人日常生活文化海外传承传播的相关建议 / 58

第三章　华侨华人社团与中华文化的海外传承和传播 / 61

　　一、华侨华人社团在中华文化海外传承和传播中的途径和方式 / 63

　　二、华侨华人社团在中华文化海外传承和传播中的机遇和挑战 / 75

　　三、发挥华侨华人社团优势，促进中华文化交流传播的建议 / 84

第四章　华文媒体与中华文化的海外传承和传播 / 87

　　一、华文媒体促进中华文化海外传承传播的历史和现状 / 88

　　二、华文媒体在促进中华文化海外传承传播中的作用和独特优势 / 94

　　三、华文媒体在促进中华文化海外传承传播中的机遇和挑战 / 98

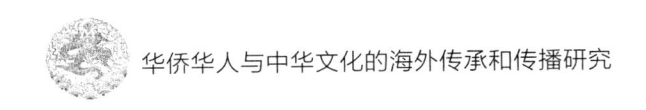

四、发挥华文媒体作用，促进中华文化海外传承传播的对策和建议 / 101

第五章　海外华文教育与中华文化的海外传承和传播 / 103

　　一、海外华文教育的发展历程和现状 / 104

　　二、海外华文教育在中华文化海外传承传播中的作用与优势 / 108

　　三、中华文化海外传承传播视域下海外华文教育面临的机遇和挑战 / 115

　　四、海外华文教育助推中华文化海外传承传播的对策和建议 / 119

第六章　海外华商与中华文化的海外传承和传播 / 123

　　一、海外华商与中华文化海外传承传播历程和现状 / 123

　　二、海外华商在促进中华文化海外传承传播中的作用和独特优势 / 126

　　三、海外华商在促进中华文化海外传承传播中的机遇和挑战 / 132

　　四、发挥海外华商作用，促进中华文化海外传承传播的对策和建议 / 137

第七章　华人宗教（民间信仰）与中华文化的海外传承和传播 / 139

　　一、华人宗教和民间信仰海外传播的状况与特征 / 140

　　二、海外华人宗教传播中华文化的优势与路径 / 145

　　三、华人宗教在中华文化海外传承和传播中的机遇和挑战 / 151

　　四、华人宗教进一步融入世界，促进中华文化交流传播 / 153

附录："华侨华人与中华文化的海外传承和传播研究"课题完成情况 / 157

参考文献 / 160

第一章 总 论

一、文化与中华文化

（一）文化的概念

关于文化的定义，学术界还没有一个统一的界定。按照文化学的角度，文化的含义有广义与狭义之分。广义的文化，是指人类社会历史实践过程中所创造的物质财富和精神财富的总和，也就是说，人类改造自然和社会过程中所创造的一切，都属于文化的范畴。狭义的文化，是指社会的意识形态，即精神财富，如文学、艺术、教育、科学等，同时也包括社会制度和组织机构。人类社会发展史，既是人类繁衍赓续、创造物质文明的历史进程，也是人类文化积累、精神文明传承的历史进程。世界上每个国家、每个民族，都在其漫长的发展历程中，形成了自己独特的文化。文化滋养着一个国家和民族的世界观、人生观、价值观，影响着一个国家和民族的思维方式、交往方式，是一个国家和民族生存和发展的血脉和灵魂。

（二）中华文化的概念

中华文化，是中华民族在历史发展进程中产生并延续下来的文化。千百年来，中华民族在长期生产生活实践中所形成的风土人情、传统习俗、生活方式、思维模式、行为规范、价值观念、文学艺术等，潜移默化地影响着中华民族的思想行为方式，持续而深刻地影响着人们的道德情感与价值判断，不仅锻造和锤炼了中华民族优秀、独特的精神基因，更体现了中华民族最深层、最根本的精神追求。中华民族生生不息绵延发展、饱受挫折又不断浴火重生，都离不开中华文化的有力支撑。中华文化独一无二的理念、智慧、气度、神韵，增添了中华儿女内心深处的自信和自豪。正如习近平总书记指出："中华文化源远流长，积淀着中华民族最深层的精神追求，代表着中华民族独特的精神标识，为中华民族生生不息、发展壮大提供了丰厚滋养。"[1]中华文化也是人类文明的重要组成部分，在人类文明的历史进程中，中华文化是唯一没有中断过的文化，几千年来一直以丰厚、深沉的内涵和智慧、开放、包容的气度和胸襟构成世界文化格局的重要部分，不仅为中华民族生生不息、发展壮大提供丰厚滋养，也对推动人类进步和世界文明的发展作出了独特贡献，是全世界共有的精神财富。

中华文化是一个鲜活有机、不断吸纳的生命系统，伴随着中华民族前进发展的脚步，中华文化也在不断创造性转化、创新性发展，其内涵不断丰富。习近平总书记指出："泱泱中华，历史悠久，文明博大。中华民族在几千年历史中创造和延续的中华优秀传统文化，是中华民族的根和魂。"[2]"当代中国是历史中国的延续和发展，当代中国思想文化也是中国传统思想文化的传承和升华，要认识今天的中国、今天的中国人，就要深入

---

[1] 习近平：《在十八届中央政治局第十三次集体学习时的讲话》（2014年2月24日），《人民日报》2014年2月26日。
[2] 习近平：《在庆祝澳门回归祖国15周年大会暨澳门特别行政区第四届政府就职典礼上的讲话》（2014年12月20日），《人民日报》2014年12月21日。

了解中国的文化血脉，准确把握滋养中国人的文化土壤。"①因此，中华传统文化是中华民族最基本的文化基因，代复一代融入中华儿女的血液中。同时，中华民族从历史走来，从中华优秀传统文化中汲取营养和智慧，从延续传统文化血脉中开拓前进，以时代精神激活中华优秀传统文化生命力，又赋予了中华文化新的时代内涵，形成了新时代中国特色社会主义文化。党的十九大报告指出："中国特色社会主义文化，源自于中华民族五千多年文明历史所孕育的中华优秀传统文化，熔铸于党领导人民在革命、建设、改革中创造的革命文化和社会主义先进文化，植根于中国特色社会主义伟大实践。"这一重要论述指出，中华优秀传统文化、革命文化和社会主义先进文化共同构成了新时代中国特色社会主义文化的基本内容。

因此，我们所要传承和传播的中华文化，是能体现中华民族优良传统，凝聚中华民族精粹思想，反映当代中国价值观念，代表中国先进文化前进方向，对中国乃至世界产生广泛影响的优秀文化，既要传承和传播中华优秀传统文化，也要传播和弘扬中国现当代文化，即"把跨越时空、超越国度、富有永恒魅力、具有当代价值的文化精神弘扬起来，把继承传统优秀文化又弘扬时代精神、立足本国又面向世界的当代中国文化创新成果传播出去"②，从而使中华优秀文化传承传播成为延续中华民族精神血脉、助力中华民族伟大复兴的重要部署。

二、中华文化海外传承和传播具有重大意义

（一）提升中华文化传播力和影响力，增强国家文化软实力，是中国发展的迫切需要

当前，随着各国综合国力竞争的日趋激烈，文化的地位和作用日益凸

---

① 习近平：《在纪念孔子诞辰2565周年国际学术研讨会暨国际儒学联合会第五届会员大会开幕会上的讲话》（2014年9月24日），《人民日报》2014年9月25日。
② 习近平：《在十八届中央政治局第十二次集体学习时的讲话》（2013年12月30日），《人民日报》2014年1月1日。

显，文化软实力作为一种新型的、特殊的国家实力开始备受关注和重视。文化软实力集中体现了一个国家基于文化而具有的凝聚力和生命力，以及由此产生的吸引力和影响力。古往今来，任何一个大国的发展进程，既是经济总量、军事力量等硬实力提高的进程，也是价值观念、思想文化等软实力提高的进程。[①]因此，越来越多的国家把提升文化软实力确立为国家战略，文化竞争全面升级。可以说，当今时代，国家与国家之间的竞争，已从经济竞争转向文化竞争，从争夺物质资源转向争夺文化资源。

近年来，我国经济飞速发展，综合国力不断增强，日益走近世界舞台的中央。一个大国发展兴盛，必然要求文化影响力大幅提升，实现软实力和硬实力相得益彰。党的十八大以来，习近平总书记多次在不同的场合，就国家文化软实力发表重要论述。在十八届中央政治局第十二次集体学习时，习近平总书记全面阐述了国家文化软实力建设的重要意义，指出："提高国家文化软实力，不仅关系我国在世界文化格局中的定位，而且关系我国国际地位和国际影响力，关系'两个一百年'奋斗目标和中华民族伟大复兴中国梦的实现。提高国家文化软实力，要努力夯实国家文化软实力的根基，要努力传播当代中国价值观念，要努力展示中华文化独特魅力，要努力提高国际话语权。"在2013年全国宣传思想工作会议上，习近平总书记强调："要着力推进国际传播能力建设，创新对外宣传方式，加强话语体系建设，着力打造融通中外的新概念新范畴新表述，讲好中国故事，传播好中国声音，增强在国际上的话语权。"[②]在2018年全国宣传思想工作会议上，习近平总书记再次强调："要推进国际传播能力建设，讲好中国故事、传播好中国声音，向世界展现真实、立体、全面的中国，提高国家文化软实力和中华文化影响力。要不断提升中华文化影响力，把握大势、区分对象、精准施策，主动宣介新时代中国特色社会主义思想，主动讲好中国共

[①] 习近平：《在十八届中央政治局第十二次集体学习时的讲话》（2013年12月30日），《人民日报》2014年1月1日。

[②] 习近平：《在全国宣传思想工作会议上的讲话》（2013年8月19日），《人民日报》2013年8月21日。

产党治国理政的故事、中国人民奋斗圆梦的故事、中国坚持和平发展合作共赢的故事,让世界更好了解中国。要完善国际传播工作格局,创新宣传理念、创新运行机制,汇聚更多资源力量。"① 党的十九大报告指出:"加强中外人文交流,以我为主、兼收并蓄,推进国际传播能力建设,讲好中国故事,展现真实、立体、全面的中国,提高国家文化软实力。"

中华文化是我们提高国家文化软实力最深厚的源泉,是我们提高国家文化软实力的重要途径。总体看来,与当前中国快速发展的经济实力和不断提升的国际地位相比,中华文化的国际影响力还不相称,要在新的国际竞争中赢得主动,需要不断提高文化开放水平,加快推动中华文化"走出去",进一步推动中华文化在海外的传承和传播,提升中华文化的海外影响力,形成与经济社会发展水平和大国地位相适应的国家文化软实力和影响力。

(二)推动中华文化"走出去",营造良好外部环境,塑造良好国家形象,是中国发展的战略选择

随着我国经济社会的发展和国际地位的提高,国际社会对中国发展道路和发展模式的理性认识逐步加深,同时对我们的误解也还不少,"中国威胁论""中国崩溃论"等论调不绝于耳,中国发展的国际舆论环境仍面临严峻挑战。近年来,我国加强国际传播能力建设和对外话语体系建设,积极传播中国声音,取得很大成效,但国际舆论格局"西强我弱"的总体态势没有根本改变。习近平总书记在全国宣传思想工作会议上指出:"国际舆论格局是西强我弱,西方主要媒体左右着国际舆论,我们往往有理说不出,或者说了传不开。这个问题需要下大力气解决。"② 如何加强同世界各国的交流合作,让国际社会认可中华五千年积淀的文明和智慧,增加中国在国际

---

① 习近平:《在全国宣传思想工作会议上的讲话》(2018年8月22日),《人民日报》2018年8月23日。
② 习近平:《在全国宣传思想工作会议上的讲话》(2013年8月19日),《人民日报》2013年8月21日。

社会的吸引力和影响力，塑造良好的国际形象，为中国改革和发展营造更加有利的国际环境，成为亟待解决的核心问题。

文化如水，润物无声，文化是沟通心灵的桥梁。以理服人，以文服人，以德服人，是中华文化的生命禀赋和生存耐性。"远人不服，则修文德以来之"，中华民族早就懂得"观乎人文，以化成天下"的力量。[①]因此，推动中华文化"走出去"，加强和改进对外文化交流，积极开展深层次、多样化、重实效的人文交流，增进各国人民相互了解，向国际社会充分展示中华文明，以消除国际社会的偏见和误解，塑造我国良好的国家形象，从而为中国发展营造良好的外部国际环境。

（三）加强中外文化交流，繁荣和发展世界文化，推动构建人类命运共同体，是中国发展的重要责任

中华文化是中华民族经过反复实践的经验总结和智慧结晶，是中华民族赖以生存发展的血脉和精神支柱，也是世界文化的重要组成部分。中华文化拥有悠久的历史、广博的内涵、丰富的资源，是世界文化之林不可或缺的瑰宝，在世界文化中熠熠生辉。历史上，中华文化曾有力地推动了人类文明发展进程，对世界文明发展作出了重要贡献。例如，中华文化就曾对周边国家和地区，特别是韩国、日本、越南和东南亚一些国家和地区产生深远的影响，由此形成了世界公认的以中华文化为核心的东亚文化圈。中华文化既是中华民族独特的智慧结晶，也是全人类共享的精神财富。

习近平总书记指出："中华文明是在中国大地上产生的文明，也是同其他文明不断交流互鉴而形成的文明。"[②] "中华优秀传统文化是中华民族的文化根脉，其蕴含的思想观念、人文精神、道德规范，不仅是我们中国人思想和精神的内核，对解决人类问题也有重要价值。"[③]党的十八大以来，习

---

① 习近平：《在十八届中央政治局第十二次集体学习时的讲话》（2013年12月30日），《人民日报》2014年1月1日。
② 习近平：《在联合国教科文组织总部的演讲》，2014年3月27日，人民网。
③ 习近平：《在全国宣传思想工作会议上的讲话》（2018年8月22日），《人民日报》2018年8月23日。

近平总书记高瞻远瞩地提出"构建人类命运共同体"的重要思想。构建人类命运共同体，建设持久和平、普遍安全、共同繁荣、开放包容、清洁美丽的世界，是新时代中国共产党人为解决国际社会共同问题而提出的中国方案。

中华文明具有许多伟大特性。中华文明开放而不封闭，包容而不排他，中庸而不极端，和平而不好战。中华文明之所以没有随着盛衰兴亡而断流中止，之所以能够遇强则强、与时俱进，始终得益于中华文明是一个文化共同体，海纳百川，包容开放。作为命运共同体，中华文明从不进行强加于人的文化输出，更不推行以自我为中心的文化霸权主义，坚持文化多样性，润物细无声地包容吸纳异族异质文化，最终形成民族文化共同体。中华文明共同体传统显然具有处理大规模人口、多文明形态共处共融的历史经验，可以为构建人类命运共同体贡献中国智慧。[①] 在欧美金融危机爆发之际，国际有识之士曾深刻地指出："植根于一神论的西方在建构一种有关人与社会关系的个人主义观念时，中国却在人与人之间的关系方面发展了社群主义和整体主义的观念。"所以"世界需要中国，以审视自身的意识形态、政治和社会模式；中国也需要世界，以完善自身的社会政治模式"。显然，要应对诸如资源环境、种族冲突、价值观输出、恐怖极端主义等全人类共同面临的重大挑战，只有中华文明与西方文明携起手来，才能更有效地找到正确出路。

当今世界，经济全球化加速发展，各国交流和融合比以往任何时候都更加紧密，在全球化背景下，中华文明与人类共同价值具有内在的一致性，中华文明的整体思维和天下情怀，为构建全人类共同价值提供了最根本的支撑，为人类未来发展提供了更多可能，中华文明所蕴含的优秀文化基因和精神特质能够为建构全人类共同价值提供中国智慧和方案，为推动构建人类命运共同体贡献重要力量。[②]

因此，推动中华文化"走出去"，加强世界不同文明之间的相互交流和

[①] 潘岳：《中华共同体与人类命运共同体》，《学习时报》2018年12月19日。
[②] 潘岳：《中华文明要为建构人类共同价值提供重要支撑》，《山东省社会主义学院学报》2017年第1期。

相互借鉴，推动不同文明间的对话和碰撞，积极促进世界各民族的交流交融，推动构建人类命运共同体，为世界发展贡献中华文明的智慧，进一步丰富中华文化的价值内涵，这正是中华文化"走出去"的重要意义所在，也是中国作为一个大国在维护世界文化多样性、促进人类文明发展方面的重要责任。

综上所述，中华文化"走出去"是我国在世界经济全球化深入发展、政治多极化更趋明朗、文化多样化持续推进、社会信息化加速发展的时代背景下，在文化领域采取的重大战略措施。推动中华文化"走出去"战略，扩大对外文化传播和交流，提升中华文化影响力，既是中华文化自身进步发展和维护世界文化繁荣的需要，也是提升国家文化软实力和实现中华民族伟大复兴的重要途径。我们需要找到有效可行的传播道路和途径，将中华优秀文化推向世界，不断提升中华文化的国际影响力，为实现中国梦营造有利的国际环境，为促进人类共同发展贡献更多的中国智慧。

习近平总书记指出："要提高对外文化交流水平，开展深层次、多样化、重实效的思想情感交流，善于用外国民众容易接受的方式，让他们更好了解和体验中华文化。要完善人文交流机制，创新人文交流方式，发挥各地区各部门各方面作用，综合运用大众传播、群体传播、人际传播等多种方式展示中华文化魅力。"[①] 毫无疑问，在这方面，分布于世界各地的广大海外华侨华人具有不可替代的独特优势。重视和发挥华侨华人优势，开展中华文化的海外传承和传播，具有十分重要的现实意义。

三、华侨华人在中华文化海外传承和传播方面具有深厚潜力

有海水、有阳光的地方就有华侨华人。中国人移居海外的历史悠久，分布范围广泛，在当地的社会、经济、文化影响力日益提升，与中国始终

---

① 习近平：《在十八届中央政治局第十二次集体学习时的讲话》（2013年12月30日），《人民日报》2014年1月1日。

保持着特殊的情感和密切的联系，这是中国独特的侨情。

（一）华侨华人在中华文化海外传承和传播方面的独特优势

1. 庞大的华侨华人群体是中华文化海外传承和传播的坚实基础

中国人移居境外的历史源远流长。自秦汉至鸦片战争前夕，历朝历代皆有中国人因经商、求经或逃避战祸等流寓海外，人数日渐增多，在海外初步形成了华侨社会。1840年鸦片战争后，大批中国东南沿海的贫苦大众迫于生计，或被掠卖为契约华工，或主动前往南洋、美洲、大洋洲等地谋生，至1949年新中国成立前夕海外移民及其后裔已有1000多万人。这百年间中国移民的激增，使得海外华侨社会规模不断增大，趋向成熟。1955年中国取消双重国籍后，大批海外华侨群体根据侨居国的归化入籍政策，加入当地国籍，成为住在国的公民，华侨社会随之向华人社会转变。随着中国改革开放，全球化兴起，中国人大量走出国门，移居的国家更多，从而形成了"有阳光的地方就有华侨华人"的局面。海外华侨华人在努力适应当地社会文化的同时，在经济活动和情感意识方面始终与祖（籍）国保持着千丝万缕的联系，也保留了很多中国的传统宗教信仰、民间风俗和生活习惯，在与住在国不断融入的过程中也影响着住在国的文化，从而不断地进行着中华文化的海外传承和传播。

改革开放后，中国人移居海外的人数保持快速增长势头，出现大量专业技术移民、投资移民。随着中国经济的迅速增长，富裕阶层和知识精英日益成为移民的重要组成部分；移居地域向北美、南美、欧洲、大洋洲、非洲等地拓展。这些新变化使海外侨情出现很多新特点：海外华侨华人数量持续增长，分布更加广泛，跨国流动发展趋势增强；新华侨华人和华裔新生代逐渐成为侨社中坚力量，华侨华人结构年轻化、知识化，新生代融入当地社会的程度不断加深，海外华侨社会活力增强；从业范围更加广泛，经济科技实力整体提升，参政维权意识日益增强，社会地位和影响力日益提高，整体素质进一步提升；中华文化认同感和民族自豪感普遍增强，与

祖（籍）国交往和与国内亲属联系更加密切，对我国的友好力量进一步壮大，对实现"中国梦"产生强烈共鸣。

根据国务院侨办2014年的统计，全球华侨华人总数已逾6000万，分布于198个国家和地区，其中华侨约占10%，华人约占90%；改革开放后出国的新华侨华人约占华侨华人总数的15%。东南亚地区仍是华侨华人最集中的区域，约占全球华侨华人总数的70%。在这一区域，华侨华人超过百万的就有6个国家。除了东南亚，北美和欧洲、大洋洲、非洲都成为海外侨胞新的聚居地。美加地区约600万人，欧洲约255万人。全球华侨华人超过10万的城市有60多个。华裔在部分国家和不少城市成为当地最大的少数族裔。①

因此，庞大的海外华侨华人群体，是开展中外文化交流的独特社会基础，他们融入世界各国并形成覆盖各行各业的交际网络，成为开展中外文化交流的种子。

2. 华侨华人综合实力和影响力的不断提升为开展中华文化海外传承和传播提供了巨大潜力

近年来，华侨华人经济科技实力不断增强，政治地位不断提升，海外华侨华人的整体形象不断得到改善，在各国受欢迎、受尊重的程度普遍提高，从而在促进中外交流与合作中发挥着独特作用。

经济方面，华商经济蓬勃发展，使华侨华人经济实力不断提升。华商经济圈被称为"世界第三大经济力量"，主要集中在东南亚地区，印度尼西亚、泰国、马来西亚、新加坡、菲律宾等国华人资本占这些国家资本总量的1/3甚至半数以上。海外华商涉及的领域也日益多元，除传统行业持续稳步发展，在房地产、高新技术、资源开发、交通运输、金融保险、文化教育、医疗、旅游等领域也发展迅速。

科技方面，华侨华人科技实力进一步增强，华侨华人专业人士数量约为400万，且持续稳定增长，基本涵盖所有前沿科技领域，主要分布在发

---

① 赵健主编：《中国侨务工作概览》，暨南大学出版社2018年版，第3页。

达国家的高等院校、科研机构、高科技公司实验室等。他们受教育程度高，职业素养好，融入当地深，活动能力强，社会影响大，在促进中外科技交流与合作中发挥着独特作用。

政治方面，海外华侨华人融入主流社会更深，政治社会地位逐步提升。华人公民意识、参政意识、维护族群整体权益的意识增强。在东南亚一些国家中，虽然政府对华裔公民参政和从政设置重重障碍，但华人参政的业绩仍可圈可点，有的组建了华人政党，对住在国政局产生了重要影响。北美洲、大洋洲等地区的华人选民在选举中"关键少数"的角色日益显现，越来越多的华人以更积极的态度参与投票和选举，在住在国政治选举中的作用和投票率普遍提高；华人政治家直接参加竞选，在华人相对集中的聚居区，华人当选参政者越来越多。海外华人还通过种种努力，以各种方式提升华人的社会政治地位。华侨华人政治地位的提升不但体现在参政上，而且体现在华侨华人精英群体的贡献上。他们普遍受过高等教育，精通住在国的语言和文化，有较广的人脉关系，有较强的社会活动能力和组织能力，有长期为当地社会服务的良好记录，其付出和贡献为当地各族裔所认同，对当地社会有较大影响力。[1]

随着华侨华人人数的增多、综合实力的增强，他们已成为住在国的重要对华友好力量，这为中华文化的海外传承和传播提供了巨大潜力。

3. 华侨华人群体的特殊性为中华文化的海外传承和传播奠定了可持续发展的平台

2014年6月，在第七届世界华侨华人社团联谊大会上，习近平总书记指出："我们的同胞无论生活在哪里，身上都有鲜明的中华文化烙印，中华文化是中华儿女共同的精神基因。希望大家继续弘扬中华文化，不仅自己要从中汲取精神力量，而且要积极推动中外文明交流互鉴，讲述好中国故事、传播好中国声音，促进中外民众相互了解和理解，为实现中国梦营造

---

[1] 赵健主编：《中国侨务工作概览》，暨南大学出版社2018年版，第4页。

良好环境。"①

首先,华侨和华人虽然国籍上有所区别,但都具有中华民族血脉。华侨华人长居国外,并且代代薪火相传、永不间断,他们在保留与坚守本民族文化方面非常执着与顽强。华侨华人社团组织举办丰富多彩的中国文化活动,海外华文媒体为华侨华人传递声音、表达诉求,积极为中华文化与世界文化交流搭建对话平台,华侨华人通过每时每刻的日常交往,默默播种着人文交流的种子,传播中华文化,让中华文化在海外得以生存、弘扬和发展。华侨华人中还有近千万新移民,他们对祖(籍)国感情深厚,联系密切,更是中华文化在海外的独特载体。这种特殊情感纽带,使华侨华人成为中华文化的海外传播者、耕耘者和守望人,为中华文化的海外传承和传播奠定了坚实的基础。

其次,华侨华人的身份具有"二元性"的特点。一方面,华侨华人长期生活在海外,熟悉中外文化,了解中国发展实情,了解住在国的政治、文化、社会环境及住在国民众的思维方式和审美情趣等。通过华侨华人开展文化交流,可以发挥他们"贯通中外"的巨大优势,直接向住在国国民传递真实的中国形象和中华文化。许多外国人接触中国文化、了解中国人,都是从华侨华人开始的。另一方面,中华民族的凝聚力是中国最大的软实力,五千年的文化传承使海外华侨华人具有较强的民族认同感,他们对祖(籍)国的发展及取得的成绩感到自豪。这一"二元性"的特点使得华侨华人成为架通中外人文交流的桥梁和纽带。华侨华人通过各种渠道向世界解释和宣传中国,成为加强沟通理解、促进人文交流、推动友好合作的"民间大使"。

再次,华侨华人与住在国的亲近性和融入性特点也成为开展文化交流的独特优势。"国之交在于民相亲",人文交流需要建立互信、互感亲切。华侨华人与当地民族长期在一起生活,为各国的发展和繁荣共同奋斗,尤其是在泰国、菲律宾等国,华人与当地民族已经完全融合在一起,华人成为当地人民了解中国、了解中华文化的窗口,当地人民也正是通过海外华

---

① 习近平:《在会见第七届世界华侨华人社团联谊大会代表时的讲话》(2014年6月6日),《人民日报》2014年6月7日。

人首先认识中国和了解中华文化。华侨华人与其他族裔同舟共济，为住在国发展贡献卓著，最终与住在国民众建立起了无法割舍的情谊。他们与住在国的这种亲近性是开展中外文化交流的良好基础，这种亲近与信任，使得借助华侨华人开展人文交流具有亲人、朋友之间私人交往的性质，更具柔性，成为有效的润滑剂。华侨华人社团大会、世界华商大会等这类世界性的组织网络和活动，也进一步密切了华侨华人与中国的联系，推动了华侨华人居住国与中国的交流合作。此外，华侨华人不断融入住在国，他们与住在国各族裔一起，共同构建住在国的多元文化，与住在国交流对象形成层层交织、密不可分的整体，这种融入性的特点也为开展中外人文交流提供了便利。海外华侨华人所发出的声音、所传递的思想，也往往更容易为住在国民众所理解，更容易为住在国政府所重视。[1]

综上所述，海外华侨华人数量不断增长，分布越来越广，地位逐步提升，影响越来越大。而华侨华人最大的特点是与祖（籍）国联系非常紧密，民族认同感和文化认同感非常强烈，常将自身事业发展与祖（籍）国的发展紧密联系，同时，熟稔住在国的国情民情，是促进中外交流合作的重要桥梁和纽带，是中华文化最重要的介绍者和传播者。因此，华侨华人群体在开展中华文化海外传承和传播、提升中华文化影响力方面，具有深厚的潜力和不可替代的重要优势。

（二）华侨华人开展中华文化海外传承和传播的主要途径

发挥华侨华人优势开展中华文化海外传承和传播，可以通过华侨华人生活方式、华侨华人社团、海外华文媒体、海外华文教育、海外华商、华人宗教等多种渠道和途径。

1. 华侨华人生活方式是展示和传播中华文化的有效途径

随着中华民族的形成与发展积淀了几千年丰厚文化的生活方式，饱含中华文化的神韵，有着不容抗拒的诱人魅力。海内外炎黄子孙在衣食住行

---

[1] 赵健、王玲玲等：《海外华侨华人与中国公共外交的拓展研究》，中国华侨出版社2016年版，第29–31页。

等方面依然保留着中华民族传统的生活习惯及习俗，形成了具有中华民族特色的文化共识。中国传统节日是民俗文化的主要内容之一，承载着丰厚的历史文化内涵；中国传统音乐文化历史悠久，粤剧、潮剧等传统戏曲是在闽粤方言区广泛流行的剧种，与华侨存在密切的关系；中华美食是中华民族的财富，也是世界饮食文化的精粹；中医中药被人称为中国古代发明之外的"第五大发明"，是中国传统文化的瑰宝；华文文学已成为世界上拥有读者最多的语种文学之一。这些文化元素是中国移民在居住地构筑和维系族群文化生活及娱乐天地的集中体现，发挥着传承中华民族传统文化、构筑族群文化空间、凝聚华人社群的重要作用。华侨华人在移居海外的漫长历史中，在与不同族群相互融合的过程中，不断通过节庆民俗、戏曲音乐艺术、饮食文化、中医文化、文学艺术等方式将中华文化传播到海外各地，融入移居地日常生活中，为当地文化注入新鲜的元素，并伴随着文化的融合形成华侨华人文化，成为当地多元文化中具有异域内涵的部分。通过日常生活方式这一潜移默化的过程，国外友人在生活中接触到中华文化，对中华文化从陌生到了解，再到熟悉，甚至逐渐产生浓厚的兴趣，在当地政府和主流社会中产生了广泛影响，发挥着民间外交的重要作用，使中华文化在全球各地得到传播，焕发出独特的光彩，搭建起跨文化交流和沟通的重要桥梁。

2. 华侨华人社团是开展中华文化海外传承和传播的重要组织机构

华侨华人社团是海外华侨华人因亲缘、地缘、文缘、业缘、神缘等关系结合在一起的自保互助、联络感情、互利互惠并具有一定程度自治权的组织。华侨华人社团是海外华社最重要的支柱，它们在联络华侨华人亲情乡谊、维护华社族群利益、弘扬中华文化、推动融入主流社会、提升华侨华人整体形象、保护自身权益、促进中外友好交流等方面都发挥着重要的影响。据统计，当前全球华侨华人社团逾2.57万个，遍布世界各国，其活动范围更广阔，组织形式更多样，活动方式也更丰富。华侨华人带着中国文化的印迹在居住国活动，在社团日常活动中通过衣、食、住、行体现着中国传统的服饰文化、饮食文化、建筑文化和传统道德行为规范；他们成立文化社团、开展各类文化竞赛，以最为直接、有效的方式传承和发扬中国的文学艺术、宗教哲学、医学武术等传统文化。华侨华人社团开展的华文教育及为华文教育提供的相关服务，维系起民族认同和民族精神的情感纽带；华侨华人社团组织节庆民俗活动、进行公益慈善捐赠，将中国的民俗文化和扶危济困、乐善好施的传统美德传播到海外；而海外宗乡社团在海内外举办的宗乡会，将中华文化敦亲睦族、团结和谐的传统很好地保持和传承了下来……华侨华人社团把发扬本民族和祖（籍）国文化作为己任，在社团宗旨、组织和活动中处处体现着文化传承传播的功能，成为开展中外文化交流的重要组织形式和实现中华文化传承传播的有效平台。

3. 海外华文媒体是开展中华文化海外传承和传播的独特资源

华文媒体是中华文化在海外传承与传播的重要载体，是中华文化与世界沟通交流的重要渠道，是最关注中国的海外大众传播媒介，华文媒体的发展直接关系到中华文化在海外传播所产生的效果。海外华文媒体经过200年的发展，如今以其庞大的数量、多样化的种类、发行覆盖面广，在全球移民媒体中居于首位，众多海外华文媒体与数以千万计的海外华侨华人共同构成了中华文化在海外传播与传承的辐射基础。近年来，我国国际影响力的不断提升和网络的发展带给全球媒体全新的变革，为海外华文媒体的发展带来了强大动力和全新的历史机遇。海外华文媒体在传承中华文化、传播中华文明、推动所在国与中国的交流等方面都发挥着越来越重要的作用。随着网络技术的快速发展，信息化时代新媒体的发展趋势为华文媒体带来了极大的挑战，网络转型迫在眉睫，在带来挑战的同时也蕴含着无限的发展机遇，华文媒体只有抓住中华文化海外传承和传播这一内核，同时依托网络技术辅助，才能充分发挥其优势，成为中华文化海外传承与传播的前沿载体，把中国声音传播出去，促进中外民心相通。

4. 海外华文教育是开展中华文化海外传承和传播的良好平台

海外华文教育是华侨华人学习了解中华文化的主要途径，也是海外民

众了解中国和中华文化的重要窗口。尤其是有规模、有影响的华文教育活动，往往成为传播中华语言文化，提升文化认同，塑造与宣传本国形象的重要平台。海外华文教育，可以通过华文学校平台建设，逐步将数以万计、遍布世界的华文学校打造成海外学生学习和传播中华文化的首选平台，推进中华文化传播力；可以通过汉语国际教育推广，让更多的人通过学习汉语，进而认知中国，了解中华文化，推进人文交流与文化传播，增强中华文化影响力；可以通过中华优秀文化体验式教学，开展书法国画、民族音乐舞蹈、中华武术、茶艺茶道、陶瓷艺术等文化教学，开展中华文化寻根之旅冬夏令营、中华文化大乐园等活动，吸引越来越多的华裔青少年加入学习华文的队伍中来，增强中华文化感染力。华文教育通过中华文化的教育教学，面向海外社会尤其是华裔青少年传播中华文化，传递中国正面信息，构建中国新形象，为中华文化的传承传播创造更好的沃土、更好的氛围。华裔新生代在学习中华语言文化的过程中，产生了文化认同或者民族认同，会自觉不自觉地向其住在国民众传达和介绍中华文化，这个过程中，华文教育学习者经历了从客体到主体的角色转化，也开启了文化传承传播的通道。

5. 海外华商是开展中华文化海外传承和传播的重要力量

华商是海外华侨华人中的一个特殊群体，海外华商资源是中国得天独厚的国际竞争优势，他们是中国经济发展的重要力量，与中国经济互相推动，共生发展，并深刻影响着全球经济，成为全球经济一股不可忽视的力量。文化交流并不是孤立进行的，而是常常和经贸交流联系在一起。华商的经济行为与其文化底蕴是相结合的，在经济活动过程中，也不断将中华文化传向全球。他们在住在国继续发扬中华民族传统美德，与住在国人民一道，创业兴业、团结互助、和睦相容，诚信守法经营，承担社会责任，为住在国带来了税收和就业机会，促进了当地经济的发展和社会进步，同时也通过自身形象、经营活动，传播传承了中华文化，促进了中外人文交流和文化的相互借鉴。长期以来，华商所体现的和气生财的态度、和衷共济的精神、和谐共赢的理念等，既是中华优秀文化的体现，也是世界各国人民了解中华民族和中华文化的重要视角。华商文化有着深深的中国烙印，因其在世界各地生根发芽，又不可避免地吸取了所在地域的文化。华商群体特有的这种文化属性使得其在中华文化传承和传播方面能够发挥重要作用。华商可以充分发挥熟悉中外文化的优势，在开展经济活动的同时，推动中外友好与合作，以自身为媒介，讲述好中国故事，传播好中国声音，塑造好中国形象，成为中华文化海外传承和传播的重要力量。

6. 华人宗教暨民间信仰是开展中华文化海外传承和传播的重要依托

宗教信仰与民族文化密不可分。华侨华人宗教的海外传播为典型的移民传播，是以民间之力，谋生为本，祖籍认同，宗教随行。宗教认同建立在对祖（籍）国认同的基础上，在漫长的华侨华人移民历史进程中，祖国认同、中华为源、认祖归宗、落叶归根的信念，一直是华侨华人移民的主旋律。这其中，宗教发挥了重要作用，成为这一特定人群维系祖国和原乡的精神纽带之一。华侨华人宗教信仰体系的共同特点就是，无论信奉的神祇或宗教为何，总是加入强烈的中华文化色彩，中华文化在海外的传播传承，其内容之一就是中华文化所依托的华侨华人宗教在海外的传承与传播。神缘维系着华人与祖（籍）国的乡情乡缘，同时保存着同中华文化的根脉传续。神灵信奉，维持着与原乡同宗同脉的信仰依皈，慈悲乐善，传递着中华文化的人文情怀和核心价值，行医办学，开启民智，拔擢众人于困苦，彰显中华文化之凝聚人心之力。由此而言，华人宗教是中华文化的有力载体。

四、华侨华人在中华文化海外传承和传播中面临的机遇和挑战

（一）机遇

当前中国综合国力的提升、中国政府的积极推动以及海外侨情的新变

化等,都有力地推动了中华文化在海外的传承和传播。

1. 中国国家影响力的提升

随着改革开放的不断深化,中国综合国力与国际影响力的不断提升,具有悠久历史和深厚底蕴的中华文化越来越具有影响力和吸引力,使世界各地民众了解中国和中华文化的愿望越来越强烈,"汉语热""中华文化热"持续升温,越来越多的中国元素成为当代世界文学、影视、时尚等文化创作的灵感和热门题材,中华文化的魅力光芒四射,成为让世界了解中国、向世界展示中国形象的重要软实力。这些都为中华文化的海外传承传播与跨文化交流创造了宽松友好的国际环境。

与此同时,中国文化大繁荣也提供了丰富的文化元素。2011年10月,中国共产党十七届六中全会通过的《中共中央关于深化文化体制改革 推动社会主义文化大发展大繁荣若干重大问题的决定》,为进一步推动我国文化软实力建设、增强国家核心竞争力、塑造国家形象指明了方向,促进了中国文化大发展、大繁荣。2010年国家形象宣传片在纽约时代广场的播出,标志着中国国家公关时代的到来。我国深化文化体制改革,推进文化大发展大繁荣的背景,为以文化改革为契机,开展中华文化海外传承和传播战略提供了坚实的基础。

"一带一路"倡议的实施,也为中华文化海外传承和传播提供了更广阔的舞台。"一带一路"倡议是以习近平同志为核心的党中央提出的共建"丝绸之路经济带"和"21世纪海上丝绸之路"重大倡议的简称,目的在于实现沿线国家经济社会的共同发展和文化文明的和谐共生。特别值得一提的是,与"一带一路"相关的国家分布着4000多万华侨华人、千余家华文媒体以及拥有雄厚经济实力、数量庞大的华商群体。"一带一路"倡议下人文交流是重要内容,"一带一路"倡议的实施,无疑将为沿线国家和华侨华人带来新的发展机遇,同时对加深沿线各国与中国的交流互动起到积极的促进作用,从而为不同文化的深入交融和中华文化的海外传播提供更广阔的舞台。

2. 中国政府的积极推动

近年来，中国积极参与全球治理体系改革和建设，推进世界各国文明交流互鉴，倡导构建人类命运共同体，重视文化软实力建设，国际文化交流进一步增强，对中华文化传承传播的作用日益显著。

党的十八大报告强调，要扎实推进公共外交和人文交流，夯实国家关系发展社会基础。近年来，侨务部门充分发挥自身优势，积极推动中华文化海外传承和传播工作，支持海外侨胞开展相关活动，政策引导性也不断拓展和强化。为满足海外侨胞精神文化需求，增进海外侨界及主流社会对中华文化的了解，侨务部门精心打造了一系列品牌活动，这些活动规模大、水平高、形式多样、内涵丰富，全方位、多层次地向国际社会展示中华文化的丰富多彩和博大精深，增强了海外华侨华人对中华文化的认同感和自豪感，也让各国当地民众有机会接触真实、优秀的中华文化，扩大了中华文化的国际影响力，为中华文化海外传承和传播搭建了交流展示平台。

3. 海外侨情的新变化

华侨华人规模的不断扩大，特别是新移民群体的形成，改变了华侨华人社会的格局。目前，海外华侨华人规模达6000多万人，比改革开放之初的3000多万人翻了将近一番。特别是改革开放以来形成的新移民群体，规模达1000万人。新移民受教育程度普遍高，高素质人才比例大。在所在国出生的华裔新生代，教育水平同样很高，成为各行各业的专业人才。此外，华侨华人经济科技实力日益增强，政治地位和社会地位不断提升，文化素质和教育水平显著提升，与祖（籍）国的联系和交往日益密切，对祖（籍）国的关注日益增多，对中国的认同感越来越强，对中华文化的兴趣和接受度越来越高，传播中华文化的使命感和责任感进一步增强。

当前，华侨华人社团数量迅速增加，特别是新华侨华人社团异军突起。新华侨华人社团中的留学生、商务移民、专业技术人员，他们的知识文化和技术水平更高更精，思想更为活跃开放，发展意识和国际流动性更强。他们拥有较高的经济科技成就，融入当地社会的程度更深，参政议政的意

识更强。他们既熟悉中国文化，又受到移居国文化的熏陶，更能用国外民众熟悉、习惯、认可的方式宣传中国文化。与老社团相比，新华侨华人社团视野更开阔，规模、影响力更大，加上拥有雄厚的组织和活动经费，在提升国家形象和传承传播中华文化方面有着独特的优势。新华侨华人社团不仅数量庞大，而且类型更丰富，其中综合性、专业性社团大量增加，在传承传播中华文化中更能集中力量、整合资源、扬长避短。这些蓬勃兴起的综合性、专业性社团传承和传播中华文化的方式和途径更加直观快捷，开放性的社团宗旨也更能吸引当地民众加入，扩大了会员范围数量，因而成为在海外传承和传播中华文化的重要力量。伴随着全球化时代的到来，社团联合的趋势也越来越明显，世界性的社团组织数量增多，社团联合通过互联、互通、互助、互补、互惠等方式，整合、开发、利用单个侨团的优势资源和人脉，不仅促进了社团之间的沟通和交流，凝聚起了中华文化传承和传播的强大力量，也扩大了中华文化在当地民众乃至当地政府中的影响力。在全球化背景下，世界各地的华侨华人开始走向新的联合，实现信息互通、资源共享、优势互补、共同发展，很多跨国甚至跨地域联合的华侨华人社团大量涌现，这种跨地域、跨国家的联系与合作，促进了社团之间的优势互补、共同发展，成为中华文化传承传播的强大推动力。伴随着新华侨华人社团的增加，社团领导者也呈现出年轻化、知识化的特点，更具领导能力。他们大多从事技术性、研究性和管理性工作，除拥有较高的知识学历、职业修养外，还具有较强的国际素养和跨文化沟通领导能力，成为中华文化传承和传播的骨干力量。

进入 21 世纪以来，随着中国国际影响和国际地位的提升，越来越多的国家希望了解中国和中华文化，广大侨胞的民族自豪感和自信心也空前高涨，学习和传承中华语言文化的需求更加强烈，使得"汉语热"持续升温，中文市场崛起并在国际社会逐渐占据一席之地。世界各地使用华语的趋势日益广泛，信息科技方面的中文使用例如中文网络、中文搜寻网站、华文窗口系统及全球中文频道等越来越蓬勃。而在经贸方面，华语作为交易用语的全球侨胞企业网络也在不断增长中。如今，有两万多所华文学校广泛分布在世界上100多个国家和地区，华文教师有数十万人，在读学生达到数百万人，在世界范围内兴起华文教育热潮。海外华文教育作为中华文化的一个重要输出口得到了高度重视，为了进一步提升海外华文教育的质量和水平，国家投入了更多的人力、物力、财力，通过各种途径不断推进华文教育事业的发展，海外华文教育面临前所未有的有利形势和大好机遇。

近年来，海外华文媒体呈现出诸多新特点，海外华文媒体的综合优势和影响力不断扩大，对海外侨胞乃至主流社会的影响更加明显。海外华文媒体数量庞大，涵盖报纸、杂志、广播、电视台、网站等多种形式，在当前信息化时代背景下，华文媒体的传播形式和平台变得更为丰富多彩，由单一媒体发展成多种媒体共存共荣的局面。特别是随着移动互联网的发展，海外华文新媒体异军突起，很多国家的华文媒体开始尝试双语出版，网络电视、网络广播、门户网站、微博、微信、虚拟社区、手机App等具有新媒体属性的传播渠道已经逐渐形成。相比传统华文媒体，新媒体在信息传递和交流方面更为便捷，时效性和互动性更强。这些渠道为更好、更快捷地传递中国信息和传播中华文化提供了有利的条件。

华商经济作为世界经济的重要组成部分，也在蓬勃发展，一批经济实力雄厚的华人实业家和华资企业集团脱颖而出。在东南亚地区，华人经济实力相当雄厚，拥有一批在本行业、本地区甚至世界都颇具影响力的杰出华人企业家和华资企业集团。最近30多年来，欧美等发达国家华商也发展迅速。曾经，老华商集中在传统产业，随着来自留学、投资移民、技术移民的新生代华商的增加，华商的生意版图正在向现代服务业、科技型企业迈进。近年来，海外华商产业呈现多元化发展趋势，除了继续在传统行业稳步发展以外，在房地产、资源开发、交通运输、金融保险、文教、医疗、旅游等行业发展迅速，尤其是高新技术产业已成为华商新的经营领域。华商在自身发展的同时，成为当地经济社会不可或缺的一部分，也成为当地

对外投资和引进外资的桥梁，促进了当地发展和世界经贸联系，又通过经贸活动传播中国声音，塑造中国形象，成为中华文化海外传承和传播可以依靠的重要力量。

（二）挑战

当前形势下，中华文化海外传承传播在迎来发展机遇的同时，也面临着诸多挑战。

1. 多元文化生态的影响

随着经济全球化的发展，多元文化价值观也对海外华侨华人产生了一定的影响，主要表现在：一方面，做好全球人，需强调不同的价值观念、生活方式之间的发展与协调；另一方面，在参与世界现代化、全球化的进程中，既要保持祖（籍）国的民族性，又要凸显住在国的文化特质，需在二者之间寻求平衡。面对这种多元文化、多元价值诉求交错的现实文化生态，中华文化传播也面临着多重挑战。首先，汉语在所在国内受到多种语言特别是英语强势地位的挑战。全球化背景下，世界各国文化软实力的竞争日趋激烈，不少国家都将推广本国语言作为国家战略，外语教育特别是英语教育在不断挤占汉语教育的空间和资源。发达国家凭借教育资源的优势和各种优惠条件，扩大对发展中国家的政治、文化、价值领域的精神渗透，各种各样的西方文化通过多种途径影响着发展中国家。其次，文化差异也带来了文化冲突，中西文化背景的不同和传统观念的差异，存在一些跨文化交流本身无法避免的因素。人们对异文化的无知、偏见与刻板印象，也影响着人们对中国和中华文化的认知。因此，严峻的外部发展环境、美西方势力政治与意识形态偏见、多元文化的竞争、文化差异的冲突等，都是中华文化海外传承和传播的不利影响因素。

2. 海外华侨华人自身存在的问题

海外华侨华人在自身发展的同时，一些不当行为也产生了一些负面效果。如部分海外华侨华人经营过程中的不当商业行为、只注重经营而不注重融入当地的观念等，都成为中外跨文化交流的不利因素，使当地民众对中华文化产生了误导与曲解。在海外备受关注、作为中华传统文化代表的中餐、中医行业的发展也存在诸多问题，在相关产品、产业、文化三大层面仍有不少薄弱之处，影响了中华文化的海外传播效果，中餐、中医品牌化、国际化、转型升级等都还"路漫漫"。

作为中华文化海外传播重要组织机构的华侨华人社团，也面临一些问题。当前，华侨华人社团类型复杂、规模不等、良莠不齐，有些性质相似、服务对象相同的社团之间缺乏有效的合作和良性的竞争，阻碍了中华文化在海外的传承传播。很多华侨华人社团传播中华文化的内容和方式有很大差异，难以形成文化合力。部分社团内部管理混乱，导致社团人心涣散，社团失去凝聚力，在这样的情况下，社团本身活动能力就很弱，更谈不上主动宣传中华文化。部分血缘性、地缘性老侨团结构老化，社团领导人年龄偏大，社团管理能力不足，组织活动缺乏现代性，无法激起华裔新生代的文化认同，面临着青黄不接、后继无人的困境，极大地限制了中华文化在华裔新生代中的传播。部分社团商业性倾向明显，成立的根本宗旨在于从事经贸活动，对中华文化的传承和传播难免弱化。此外，很多社团的文化服务活动还比较单一随性，社团文化服务跟不上侨胞需要，缺乏宣传中华文化的主动意识，缺乏传播中华文化的长效机制。

华文媒体经历了200余年的发展，进入了全新的时代。在这一过程中有旧的华文媒体退出也有新生华文媒体创办。伴随着网络信息技术的飞速发展，传统报纸、杂志、电视、广播等媒体都受到了很大的影响，新媒体的出现为整个媒体带来了革命性的变革，新闻传播的时间、空间等限制条件都已不复存在，网站、微信公众号、社交媒体等的开通拓展了华文媒体的传播途径，新生代的华文媒体也面临着更多新生代的受众群体，如何在技术层面发展华文新媒体的传播手段，依托网络吸引新生代受众群体，成为海外华文媒体发展亟须思考的问题。此外，华文媒体发展过程中资金的缺乏、人才的培养、竞争的激烈等一系列现实问题日益凸显，华文媒体面临转型升级的挑战。

3. 中华文化传承面临断代危机

当前，海外华侨华人社会结构发生深刻改变，新华侨华人和华裔新生代成为侨社中坚力量。华裔新生代出生成长于海外，从小接受海外教育，对祖（籍）国的语言文化缺乏了解，部分新生代由于没有接受过系统的华文教育，难以熟练运用中文阅读信息，主要通过国外媒体了解中国，因而难以客观认识中国和中华文化，甚至更加尊崇西方社会的价值观和处世哲学。部分新移民虽然自身文化素养较高，拥有丰富的学识和技能，但同时他们也要为融入当地主流社会而努力，对中华文化传播的兴趣不大，缺乏传承和传播中华文化的主动性和使命感。与老一代华侨华人相比，新华侨华人和华裔新生代对祖（籍）国感情弱化，这种情感上的疏离导致中华文化海外传承传播面临断代危机。

第二章
华侨华人生活方式与中华文化海外传承和传播

文化是一个国家的历史积淀，是一个民族传承与发展中留下的历史痕迹的总和。随着中华民族的形成与发展，积淀了几千年丰厚文化的生活方式、刻苦勤俭的优良民族传统、以家族为本的自立自助精神，以及天人合一、和而不同等中华核心价值观，饱含中华文化的神韵，有着不容抗拒的诱人魅力，使海内外炎黄子孙形成了具有中华民族特色的文化共识。华侨华人的足迹逐渐遍布世界各地，所到之处把中华优秀传统文化中的哲学内涵、思想观念、文学艺术、道德伦理、风俗习惯、工艺产品等传播到了海外各地。[①]

一、中外文化交流与华侨华人社会

（一）中外文化交流贯穿于海外华侨华人社会形成的整个过程

自秦汉至鸦片战争前夕，不少中国人因经商、求经或逃避战祸等流寓

[①] 任泽雨、徐良：《海外侨胞在"一带一路"建设中传播中华优秀传统文化的对策研究》，《中共南宁市委党校学报》2019年第6期，第46、47页。

海外成为华侨。相传秦始皇派方士徐福率领童男童女数千人入海求仙人，以求长生不老之药，徐福得平原广泽，而后称王不归。有人提出徐福到日本定居，开辟了中日文化交流的历史。因为在日本的民族中，就有一支3世纪前从大陆移民过去的"秦汉归化人"。后来，唐代鉴真东渡日本，为中日文化交流写下光辉的一页，被称为"日本文化的恩人"。[1]

两千多年前，汉武帝派张骞出使西域，开辟了一条中西交通要道——"丝绸之路"。及至唐代，它仍然是沟通中西贸易往来和文化交流的重要通道。而海上丝绸之路对扩大中华文明的影响力、促进中华文化的对外传播意义深远，也是中华文化走出国门走向海洋的重要表现。从公元前2世纪到公元15世纪，造纸术、印刷术、天文、历法、医学、音乐、美术等相继通过海上丝路得以传播，促进了不同文明间的交流。[2]

明代郑和下西洋促进了中外文化交流。船队最多时载27800余人，包括官兵、水手、工匠、士兵、医生、翻译等。郑和七次航海所率领的船队，曾到达过东南亚、南亚、西亚和东非，并与所到国家和地区建立了和平友好关系，特别是大大促进了中国与南洋诸国的文化交流。[3]郑和深谙佛教建筑艺术，他把中国的建筑艺术，如建造碑亭及寺塔之类传到东南亚。[4]至今，东南亚各地仍保留着许多有关郑和的遗迹，如在马来西亚的马六甲附近，有三保山、三保庙、三保井等，在印度尼西亚的爪哇岛上还有一座城市叫三保垄。[5]泰国有三宝港、三宝宫、三宝禅寺，等等。[6]郑和船队通过赏赐、贸易等途径输往东南亚的物品，据记载，有瓷器、中药、茶叶、漆器、金、银、铁鼎、丝绸、铁制农具、金属制品等，其中以丝绸、瓷器为大宗。[7]郑和使团在国外努力"宣敷文教"，直接或间接帮助各国建立健全国家制度、

---

[1] 张岱年、方克立：《中国文化概论》，北京师范大学出版社2004版，第98页。
[2] 钟新、邝西曦：华侨华人与中国周边公共外交研讨会论文，2014年5月，华侨大学。
[3] 程裕祯：《中国文化要略》，外语教学与研究出版社2017年版，第444-458页。
[4] 王介南：《中外文化交流中国与东南亚文化交流志》，上海人民出版社2010年版，第112页。
[5] 程裕祯：《中国文化要略》，外语教学与研究出版社2017年版，第444-458页。
[6] 王介南：《中外文化交流中国与东南亚文化交流志》，上海人民出版社2010年版，第113页。
[7] 王介南：《中外文化交流中国与东南亚文化交流志》，上海人民出版社2010年版，第99页。

礼仪制度、法律制度。①鸦片战争以后，中国沦为半殖民地半封建社会，内战不断、政治动荡、经济落后，中国沿海失业大军和失去土地的农民大批涌入东南亚和世界各地，成为契约华工。这些华侨促进了当地社会的发展，促进了文化交流。

中国还一度成为17—18世纪欧洲启蒙运动者吸取精神力量的源泉。在欧洲国家当时出现了仰慕中国的风尚。流行一时的洛可可艺术，正是吸收了中国艺术生动、优美、自然的风格；盛行于欧洲社会的中国茶、瓷器、漆器、丝绸、刺绣，也是中国文化在欧洲传播的体现；中国的人物、山水画法影响了欧洲的画家，中国园林艺术的亭台楼阁和湖光山色也出现在欧洲的庭院之中；等等。②

在文化交流过程中，往来中国的外国传教士、使者和留学生等也都起到了重要作用。但大规模华侨华人迁徙移民，形成海外华侨社会，华侨自觉或不自觉地成为中外文化的传播者，并与侨居地文化之间交互交融，形成了各有特色的华侨华人文化，有力促进了中外文化的相互交融和相通。③

（二）华侨华人移居海外形成华侨华人文化变体

任何一种民族文化都是在与其他民族文化的交流、融汇中发展壮大的，文化的发展需要多元因子的相互碰撞和借鉴。④文化传播分为纵向的文化传承与横向的文化扩散两类。⑤华侨华人在迁移过程中，产生了各种文化变体。在各种文化变体的形成过程中，文化传承是共有的传播方式，而文化扩散形式则有所差别。海外华侨华人文化变体形成的基础是成规模的移民活动，其相应的文化扩散形式为迁移扩散，扩散行为的主体是迁出地的文化（源文化）。作为源文化载体的华侨华人群体与当地其他群体的交往过程中，源

---

① 王介南：《中外文化交流中国与东南亚文化交流志》，上海人民出版社2010年版，第108页。
② 程裕祯：《中国文化要略》，外语教学与研究出版社2017年版，第444–458页。
③ 张赛群：《华侨华人与"海上丝绸之路"：基于历史和现实的思考》，《东南亚纵横》2017年第3期，第77页。
④ 程裕祯：《中国文化要略》，外语教学与研究出版社2017年版，第444页。
⑤ 王恩涌：《文化地理学导论——人·地·文化》，高等教育出版社1989年版。转引自田静、苏新春：《文化互动视野下的"大华语"概念新探》，《新疆社会科学》2018年第5期，第143页。

文化一方面向迁入地扩散，另一方面适应迁入地的文化，被迁入地文化影响。在文化接触交流中，不同文化之间的兼容性以及特定的社会需求使得外来文化的某些事象在本土文化中找到了易于嫁接之处，通过传染扩散、等级扩散或刺激扩散等方式融入本土文化。①

"文化间性"由哈贝马斯（Jürgen Habermas）首次提出，以差异哲学、"他者"理论、视域融合与交往行为理论为哲学基础。②国内学者将其定义为"一种文化在与他者相遇时或在与他者的交互作用中显出的特质"，这种交互作用特质的产生是因为，每一种文化都有自身的系统特质，当与其他文化系统相遇时，其实是以自身系统的特定视域出发理解对方，这个特定视域不可能与对方的视域完全吻合，只能是两种视域的融合。③在文化扩散过程中形成的各个"文化"变体，即为同一种源文化和不同的异质文化交互作用的产物。海外华侨华人对于他们居住地的原住民而言，他们携源文化与异质文化互动，实现了两种视域融合的文化对话。④若从"华侨华人文化交流"动态、交互的文化间性特质着眼，每种文化变体都代表两种或多种不同视域的融合，每一种变体的特点理论上只有在与其他变体的对比中才能完全凸显。⑤

因此，华侨华人移居海外是一个不同族群互相融合的过程，也是一个各种文化的交流过程。正是通过海外华侨华人为载体，中华文化得以传播到其移居地，为当地文化注入新鲜的元素，并伴随着文化的融合成为当地多元文化中具有异域内涵的部分。对其移居地而言，华人文化并不是当地民族文化的对立物，而是这一文化的珍贵外来养分，对移居的华侨华人而

---

① 田静、苏新春：《文化互动视野下的"大华语"概念新探》，《新疆社会科学》2018年第5期，第143页。
② 蔡熙：《关于文化间性的理论思考》，《大连大学学报》2009年第1期。转引自田静、苏新春：《文化互动视野下的"大华语"概念新探》，《新疆社会科学》2018年第5期，第143页。
③ 王才勇：《文化间性问题论要》，《江西社会科学》2007年第4期。转引自田静、苏新春：《文化互动视野下的"大华语"概念新探》，《新疆社会科学》2018年第5期，第143页。
④ 田静、苏新春：《文化互动视野下的"大华语"概念新探》，《新疆社会科学》2018年第5期，第143、144页。
⑤ 田静、苏新春：《文化互动视野下的"大华语"概念新探》，《新疆社会科学》2018年第5期，第144页。

言，不可能永远保持中华文化的纯洁性，其文化必定逐渐演变成更适应在当地生存的混合文化。①

二、华侨华人生活方式文化交流的主要内容与影响

在现实生活中，海外侨胞在衣食住行等方面依然保留着中华民族传统的生活习惯及习俗，在国外陌生的环境中，过春节、吃饺子、吃月饼等节日习俗也随之传播开来，潜移默化地使国外友人在生活中就接触到中华优秀传统文化，使其对中华优秀传统文化从陌生到了解，再到熟悉，甚至逐渐产生浓厚的兴趣，使中华优秀传统文化在全球各个地区都得到了传播。2017年12月，中办、国办印发了《关于加强和改进中外人文交流工作的若干意见》，要求"重点支持汉语、中医药、武术、美食、节日民俗以及其他非物质文化遗产等代表性项目走出去"。

（一）华侨华人节庆民俗与侨居地文化的交汇与融合

中国传统节日是民俗文化的主要内容之一。节日庆典这一非物质文化遗产是各社区或群体为了适应他们所处的环境，应对他们与自然和历史的互动而逐渐形成、实践和表达的，被代代相传并得到创新，同时也为他们自己提供了一种认同感和历史感。节庆文化承载着丰厚的历史文化内涵，往往与天时、物候的周期性转换相适应，是人们对于自然时间的感知和将其不断与人文时间协调的一种反映。在人们的社会生活中约定俗成，并发展出一套相关的风俗活动内容，并以年度为周期循环往复。②海外华人虽移居海外，但仍在居住国按照农历庆祝中国传统节日，保留和传承了中国传统节日的物质文化、伦理关系和精神信仰传统，并根据华人社区的历史记忆和居住国的环境加以创造，其民俗文化是中华文化整体的一部分。

---

① 赵红英、张春旺：《华侨史概要》，中国华侨出版社2015年版，第213页。
② 李惠芳：《岁时节日民俗》，载钟敬文：《民俗学概论》，上海文艺出版社1998年版，第131页。转引自马潇骁：《海外中国传统节日的变迁与华人身份认同》，《贵州民族研究》2018年第2期，第70页。

例如，马来西亚没有四季之分，而华人仍然沿袭先辈们的传统文化，保留了许多农业时代的习俗，如农历的二十四节令、新年、节庆、节庆饮食等。华侨与马来亚女子通婚后，同时奉行许多华侨社会通行的风俗习惯。在过年过节或办婚丧大事时，所行的仍然是中国古礼。据说直到二战前，举行婚礼时，华裔后代仍然沿用清朝的"三拜九叩"礼节，并且乘由四人抬的花轿，前面彩旗引路、锣鼓喧天、游街欢庆。每逢新年，他们要按照礼俗，跪着向长辈敬茶问安。又如，住家、大门及窗帘上的对联，大厅供奉的神像、木雕屏风、陶瓷古董等，都具有浓重的传统华侨家居特色。马来亚槟榔屿华侨社会的文明教化之风甚浓。在礼仪教化方面，"兴风雅，喜逢迎，善褒奖，守家礼，重文教。童子见客，揖让为礼，人情古厚，甲于南洋群岛"，不比华侨的家乡逊色。槟榔屿华侨婚丧嫁娶仪式堪与其家乡比肩，文化娱乐活动丰富多彩，槟榔屿华侨还参与跨民族的文化活动。清明节在马来西亚并不是公共假期，但是侨民也会利用周末带上鸡、鹅、元宝、香烛、爆竹等去扫墓，拜祭祖先。①

在柬埔寨，潮州人有过"时年八节"的惯例。"时年八节"即春节、元宵节、清明节、端午节、盂兰节、中秋节、冬至节、除夕，以及"春分""秋分"二祭。旅柬潮人的民俗活动反映了他们虽身在异乡，仍深深地留恋故土。旅柬潮人把潮汕的节日祭拜习俗带到了柬埔寨，影响了当地的高棉人。他们既信仰佛教，也信奉"神明"。有些高棉商人看到华侨经营的商店都供有"招财爷"神位，生意做得红红火火，也普遍供奉起"招财爷"来。有些潮语的语法逻辑已受当地影响而"柬化"。如与人打招呼时，常把姓名放在称呼之后，如把"洪叔""华兄"说成"叔洪""兄华"。②

春节是越南的传统佳节，也是团聚的节日。受古代汉文化的影响，越南主体民族京族有过春节的习俗，至今仍把大年初一称为元旦，把正月十五称为上元节。而越南少数民族之一的华族，更保留了较多的传统习俗，

---

① 广府华侨文化肇庆篇课题组：《略论广宁侨民在马来西亚的生根与镶嵌》，《东南亚纵横》2015年第6期，第77页。
② 高伟浓：《清代华侨在东南亚》，暨南大学出版社2014年版，第420页。

以最为隆重的方式来欢度春节。春节期间，各华人社团、寺庙、文艺团体和华文学校一般都会组织各种各样的活动。①越南春节期间还会举办各种"庙会"，这些庙会大多还保留在寺庙中举办的传统，人们不但可以祈求来年幸福，还能体会到越南传统的民俗。

新加坡、马来西亚、文莱、菲律宾、泰国、印尼、美洲的苏里南、非洲的毛里求斯等国家把春节定为法定假日。在菲律宾，庆祝春节的活动一般包括贴春联、挂红灯笼、舞狮子、放烟火等中国传统的庆祝方式，这些活动会在除夕夜晚达到高潮。当晚的华人社区会自发地聚集起来庆祝节日，除了上述的传统方式以外，当地本土的菲律宾艺术家也会登台献艺，共庆佳节，让整个庆祝活动体现出中菲文化相互交融的特点。

印尼春节期间也弥漫着浓郁的节日气氛。商场超市挂满大红灯笼、中国结，红蜡烛、红年糕、各式各样的红色配饰以及大红喜字令人目不暇接。除夕当天，人们要到庙堂进香祈祷，希望一年健康平安、万事如意。除夕夜，大多华人都会聚集在老人家里吃团圆饭，家中年长者接受儿孙们的拜年，老人则向晚辈发放红包。印尼华人过春节的另一特色是公益色彩浓。各华社团体、宗亲会、互助会和庙堂组织献血、分发食品等社会公益活动，希望所有人都能过一个美满幸福的春节。春节期间，雅加达还会有中国传统的舞龙舞狮表演。而印尼本地人见到华人或中国面孔，也会友善地说一句"恭喜发财"，为春节送上温暖祝福。在印尼，春节正日益成为全民共有的节日。

一些国家每年还发行生肖邮票。从20世纪70年代开始，海外邮政以中国春节为主题的邮票就开始日益多了起来。在华人占人口绝大多数的新加坡，其历年发行的《节日》系列邮票中均有"中国新年"的内容。此外，美国、圭亚那、图瓦卢、格林纳达、马来西亚等国家以中国新年为主题，也发表新年邮票。

---

① 于向东：《开展对越南华人工作的一些思考》，华侨华人于中国周边公共外交研讨会，2014年5月，华侨大学。

当前，华人的中国传统节日庆典随历史和环境的改变而发生了改变，节日庆典中的身份展演方式也相对过去更加公开化和多元化。随着华人影响力和社会地位的提高，中国传统节日从"内向型"的小型聚会转变为公共庆典，也由华人自发组织转变为移民国政府、中国驻外使馆、华人群体共同参与的联欢。①《欧洲时报》发表时事述评《春节正在走向世界》称，春节欢庆活动的大潮已经涌向世界，中华民族这一传统节日的风采和美丽正在世界的各个角落焕发出异样的光彩。放眼世界，从北美到澳洲，从欧洲到日本，到处都可以感受到春节的气息，到处都可以看到人们正在以各种不同的形式组织春节的欢庆活动。不仅仅是生活在这些国家里的华侨华人，而且还有这些国家的本国民众。越来越多的"老外"正在争先恐后地涌进春节欢庆活动大军的行列；越来越多的欧美国家的主流社会日益关注春节，把它视为一种巨大的商机和精彩别致的文化民俗活动。世界各地的春节活动可以说是一次中外文化大交流，这种交流使世界进一步地了解了中国，也使中国更加深入地走向世界。②

（二）华侨华人音乐戏曲艺术与侨居地文化的交汇与融合

中国音乐文化历史悠久，其在对外传播上也是经历着漫长而复杂的岁月。自17世纪以来，中国东南沿海大量居民移居海外，中国的音乐文化也随着各种往来和移民很早就走出海外。③特别是从中国迁过去的第一代，对祖国充满感情，对家乡的戏曲音乐、民俗音乐十分热爱，他们热心于自己筹集资金，聘请家乡的地方戏曲剧团（如粤剧团、歌仔戏剧团、南音乐团等）到他们侨居国表演，甚至自己组织子弟班学戏、学南音，把这些传统戏曲、音乐品种变为他们侨居国的一个新的民族音乐品种，来进行扎根式

---

① 张青仁：《中国春节在欧洲（下）》，《节日研究》2013年第2期，第172-188页。转引自马潇骁：《海外中国传统节日的变迁与华人身份认同》，《贵州民族研究》2018年第2期，第72页。
② 《越来越多"老外"过春节》，《招商周刊》2003年第1期。
③ 范钰湘：《独辟蹊径的音乐探索思路》，《玉溪师范学院学报》2014年第8期，第54页。

传播。①

粤剧是在两广粤语方言区广泛流行的剧种，与华侨存在密切的关系。过去在海外，有粤语流行的地方，就会有粤剧存在；有粤剧流行的地方，就会有来自故乡的粤剧在当地演出。到 19 世纪中叶以后，新加坡就已出现了粤剧社团组织，现在可以找到的最早的粤剧组织是咸丰七年（1857）由旅居新加坡的广东粤剧艺人组建的"梨园堂"（后来易名为"八和会馆"）。梨园堂的形成清楚地表明，最迟在 19 世纪中叶（其时离新加坡开埠才 30 余年），粤剧已经被广东籍华侨传进新加坡并拥有大量的爱好者，稳坐华侨家乡"大戏"之首席。华侨把家乡的主要戏曲如粤剧、闽剧、潮剧等都带到了新加坡，并且还成立了专门的"戏园"（即剧团），遍布新加坡全岛。粤剧在新加坡的演出商业化程度应是比较高的，由此也造就了粤剧从近代以来迄今在海内外长时期的繁荣局面和成熟定型的演出程式。②

在明清两代，越南华侨酬神赛会，经常聘请中国剧团到越南进行表演。几乎每一个华侨集中居住的城镇都有固定的戏院，由华侨演出中国的传统剧目。《三国演义》《水浒传》《西游记》等中国优秀文学著作中的情节，常作为越南戏剧的题材。越南华侨以广府人、潮州人居多，所以越南接受中国的音乐以民间音乐为主，其中受广府、潮州的民间音乐影响最大，闽南戏或南音亦有演出。③

泰国华侨将粤剧移植到曼谷等地变成泰国粤剧。暹罗可能也是海外中国戏班出现较早的国家。根据现有材料，最早大概是在清朝同治初年，中国与暹罗民间的文化传播渠道广阔，所传播出去的文化样式也更加多样化和民俗化，为民间所喜闻乐见。最为人所津津乐道的就是闽南木偶戏，一向以具有独特神奇的表演艺术而名扬海外。④

---

① 王耀华、赵志安、郭小利：《中国当代音乐海外传播的路径创新论》，《中国音乐学》2018 年第 3 期，第 8 页。
② 王耀华、赵志安、郭小利：《中国当代音乐海外传播的路径创新论》，《中国音乐学》2018 年第 3 期，第 8 页。
③ 高伟浓：《清代华侨在东南亚》，暨南大学出版社 2014 年版，第 270 页。
④ 叶彦：《东南亚华侨华人音乐社团功能研究》，《乐器》2017 年第 3 期，第 36–39 页。

潮剧和潮乐也是东南亚华侨华人喜爱的艺术形式。在清代，潮剧、潮乐与潮州大锣鼓在柬埔寨潮侨中应该十分流行。据说20世纪四五十年代，在拥有"小潮州"之称的金边，几乎每个晚上都可看到潮州戏的演出。那时，每逢春节、元宵，潮州人众多的金边都可听到潮州大锣鼓、潮乐演奏。当时，金边许多体育会，如新青、东方等都设立了潮剧组，表演过《陈三五娘》《告亲夫》《井边会》《苏六娘》等经典潮剧。每逢喜庆场合及过年过节时，潮州人家中都会传出优美动听的潮乐；当地人办丧事时，也少不了打潮州锣鼓，或请当地著名的善堂师傅作法。柬埔寨的潮州人也与家乡开展常态性的文化交流活动。同治年间（1862—1874），柬埔寨的潮人大增。每年的酬神赛会时，潮州华侨经常请家乡剧团"红褱班""青褱班"到柬埔寨演出。①②当前在泰国，泰中潮剧团将中国传统剧目"中为泰用"改革成新型的歌舞戏剧形式，如今已成为深受泰国人民喜爱的一门表演艺术品种，泰国诗琳通公主曾亲临泰语潮剧《包公铡侄》的演出现场，并为泰语潮剧的功臣庄美隆先生颁发"文化艺术贡献奖"。③

华人传统音乐是中国音乐文化对外交流的一个重要组成部分。主要来源于中国的闽、粤地区的传统音乐，台湾地区、香港地区的传统音乐以及东南亚国家的华人音乐，形成以闽、粤、琼、客、潮五大派系地方传统音乐和华乐为主的华人传统音乐体系。④20世纪60年代中期之后，中国赴国外移民数量不断增长，其中有不少是文艺人才。在格莱美59年的历史中，有十几位华人获得过奖项，多数与中国传统音乐、民族音乐有关。马友友是中国人熟知的华人格莱美获得者，他获得过的格莱美奖项多达17个，包括"最佳室内乐演奏""最佳乐器独奏奖""最佳古典音乐当代作曲""最

---

① 杨锡铭主编：《海外潮人史话》，中国文史出版社2009年版，第37页。转引自高伟浓：《清代华侨在东南亚》，暨南大学出版社2014年版，第270页。
② 《潮乐在柬埔寨黯然入古稀》，中国侨网，2007年6月6日。转引自高伟浓：《清代华侨在东南亚》，暨南大学出版社2014年版，第269页。
③ 叶彦：《东南亚华侨华人音乐社团功能研究》，《乐器》2017年第3期，第36-39页。
④ 王静怡：《中国传统音乐在海外的传播与变迁——以马来西亚为例》，人民出版社2009年版。转引自范钰湘：《独辟蹊径的音乐探索思路》，《玉溪师范学院学报》2014年第8期，第55页。

佳古典音乐专辑""最佳古典跨界音乐专辑""最佳世界音乐专辑"等6个奖项。著名旅美小提琴家吕思清是第一位夺得国际小提琴艺术最高奖项之一——意大利帕格尼尼小提琴大赛金奖的东方人，被西方媒体盛赞为"一个伟大的天才，一个无与伦比的小提琴家"。旅欧著名指挥家吕嘉是亚洲第一个在音乐之乡意大利出任国家歌剧院首席指挥的音乐家，代表了20世纪80年代从大陆远学欧美，如今事业有成的华人音乐家。郑小仲是旅美华人交响乐团指挥，在推进中美音乐文化交流方面，做了大量积极有效的工作，多次在美举行由美国交响乐团演出的中国音乐会专场，曾参与组织并指挥美国节日交响乐团首次访华巡演。

华人文艺团体的建立和发展，是中国移民在居住地构筑和维系族群文化生活及娱乐天地的集中体现，发挥着传承中华民族传统文化、构筑族群文化空间、凝聚美国华社群的重要作用；同时它们与祖（籍）国同行密切往来，构建起跨国界的文化共同体，不仅在华裔青少年中间传延文化星星之火，而且积极向当地社会展现中华音乐，搭建起跨文化交流和沟通的桥梁。东南亚地区华侨华人音乐社团根据艺术形式和组织形态的不同，可大致分为华乐团、合唱团、戏曲社团、音乐协会等类型，社团成员中土生华人以及越来越多的新生代华人所占比例越来越大。截至20世纪90年代，仅马来西亚的60余所独立中学就全部成立了华乐团。新加坡青年华乐团在当地也很具影响力。[①]

随着华人新移民数量的猛增，尤其是专业音乐人才和业余音乐爱好者的加入，美国华侨华人音乐团体取得了蓬勃的发展。创办于1961年的纽约中国民族乐团，是全美国历史最悠久、规模最庞大的华人民乐团体之一。纽约中国民族乐团长期以来活跃在纽约市的华人社区，传播中国音乐文化，对纽约华人界乃至美国主流社会都产生了广泛影响，因此多年来受到美国国家艺术基金会以及纽约州艺术委员会的资助和表彰，成为纽约地区乃至

[①] 叶彦：《东南亚华侨华人音乐社团功能研究》，《乐器》2017年第3期，第36-39页。

美国东海岸地区最具影响力的民族乐团之一。[①]在美国西海岸,创立于2000年的旧金山湾区的火凤青年国乐团是一个非常有代表性、有影响力的青少年民族乐团。

活跃在世界高端艺术舞台上的众多华人顶尖音乐家,受过中华文化的滋养,又置身西方文化的浸润,以融汇中西的艺术表达、世界性的音乐话语为中华文化增添了国际化的光彩。国务院侨办于2014年国庆期间在北京成功举办"全球华人音乐会"。在此基础上,聚合各国知名华人演奏家、歌唱家,于2015年在京挂牌成立全球华人乐团,以定期和不定期会演的方式开展高水平文艺活动,会聚华人乐坛精英。乐团打造出权威华人艺术品牌,成为面向全球华人的音乐盛会。

(三)华侨华人饮食文化与侨居地文化的交汇与融合

社会文化的认知与传播"润物细无声",往往需要持久、深入的"精耕细作"。中华美食是中华民族的财富,也是世界饮食文化的精粹。具有百余年发展史的海外中餐馆,恰恰成为中华文化元素或观念嵌入当地社会生活的一个常态化、长效性传递形式。[②]有着深厚中华传统文化底蕴的饮食文化,以其传播亲民性、接受广泛性、渗透深入性、影响深远性成为国家展现"软实力"的重要环节。[③]

饮食是在中国文化传承中较稳定的领域,用筷子吃饭千年不变,与宴饮相联系的某些礼仪程序也相对稳定。酒会程序中的迎宾、送宾等礼仪,席间敬老、尊长、咨询、议政的古风千百年来一脉相承。[④]在中国传统里,宴饮的意义远在吃喝之外,联络亲朋、亲善友谊、整合关系才是真谛。饮

[①] 赵志安:《美国华人音乐社团的中国民族音乐文化传播》,《音乐文化交流与传播》2013年第2期,第84、85页。
[②] 张凯滨:《海外中餐馆与中华文化走出去——一种普通媒介学的视角》,《中州学刊》2018年第12期,第167页。
[③] 程小敏、桑建:《探究中餐海外发展困局与走出去策略》,《扬州大学烹饪学报》2012年第3期,第47页。
[④] 刘志琴:《150年前,西餐来了》,《中华读书报》2016年3月16日。转引自张凯滨:《海外中餐馆与中华文化走出去——一种普通媒介学的视角》,《中州学刊》2018年第12期,第168页。

食是一种文化的联结，它与地理、历史、物产、习俗和社会科学、自然科学等各方面都有关联。在满足口腹之欲外，饮食还是牵涉文化、情感、交际、等级等一系列复杂因素的社会心理现象。中华饮食传统中所包含的民本思想、神人共享、等级观念、和合象征、待客礼仪、勤俭节约、养生安命等丰富的文化内涵，涵盖了人与神、人与人、人与自然不同互动关系的维度。餐馆是表达某种意义、能让人感知的文化痕迹，它将建筑的、审美的、饮食的景观嵌入所在城市街区景观之中。从招牌设计到内景装饰，从楹联书写到菜谱翻译，任何一家海外中餐馆都在融入他乡的文化情境时，又保持有一定的中华文化底蕴。其景观"痕迹"是可辨识、可欣赏、可阅读的文化意象。[1]中华餐饮业有助于增进各国人民的人文交流与文明互鉴。

"凡是有海水的地方就有华人，有华人的地方就有中餐馆。"华人无处不在，华人走到哪里，就把中华饮食文化带到哪里，饮食文化是华人最重要的文化范式之一，不仅是华人日常生活的每日实践，更是华人"乡愁"和文化自我认同的载体。[2]中餐是海外侨胞安身立命的最大经济支柱，也是宣传中华文化影响力最大的平台。第一代华人移民海外之初，也多以开饭馆谋生，使得中国的传统烹饪有了广阔的市场，还经营大量与饮食相关的产业，如糖业、酒业、渔业及种植业等。[3]由此观之，中华饮食文化的异地传播是劳动力输出或经贸交往的伴生性现象。

华人在东南亚地区发挥影响力的历史可以追溯到汉朝，到了唐宋时期，位于广州的市舶司留下了一些与东南亚贸易的证据，即从东南亚输入香辛料，向东南亚输出手工业产品。[4]在中国与南洋地区的饮食文化交流中，南洋华侨发挥了巨大的作用，成为饮食文化交流的重要桥梁。一方面，华侨

---

[1] 张凯滨：《海外中餐馆与中华文化走出去——一种普通媒介学的视角》，《中州学刊》2018年第12期，第168页。
[2] 曹雨：《海外华人的饮食文化自我认同》，《浙江学刊》2019年第5期，第24页。
[3] 陈伟明、侯波：《20世纪以前的南洋华侨在中外饮食文化交流中的作用》，《东南亚研究》2006年第1期，第55–57页。
[4] （宋）周去非：《岭外代答校注》，中华书局1999年版，第170页。转引自曹雨：《海外华人的饮食文化自我认同》，《浙江学刊》2019年第5期，第29页。

通过在南洋地区的生产活动,把中国的传统饮食、节日食俗传播到南洋地区;另一方面,华侨把大量南洋饮食物品传入中国。① 晚清时期,中式饭馆在海外的发展已渐成规模。

中华饮食还间接影响到欧洲、美洲、非洲和大洋洲,优良种猪、水蜜桃、甜橙、制茶技术、面条,甚至素食文化、酱醋、药膳等,都是中国给世界饮食文化增添的瑰宝。18世纪欧洲已经兴起中国文化热,但真正做到雅俗共赏并普及欧洲民间的,当首推中华饮食文化。早在光绪五年(1879),英国旅行家伊莎贝拉就注意到在新加坡和马来亚的华人社会普遍依恋中国饮食,大量从中国进口猪油、粉丝、腊肠、各种肉食罐头以及各种中式饮食器皿,在许多地方形成华人的"食街"。②

到20世纪90年代,历经二战后四十余年的发展,海外中餐馆的经营对象逐渐拓展至所在国的居民,地方菜式走出国门也使中华饮食风味的多元文化背景逐渐为人所知。③ 同时,中国不同地方风味的菜式被陆续推广到海外,八大菜系、北派南味都能找到。④ 目前,海外中餐馆随华人社区插花式散点分布在全球各地,《中国餐饮产业发展报告》(2015、2016)指出,海外中餐馆数量超过40万家,分布在五大洲198个国家和地区。其中数量最多的是东南亚,约有7万家,欧美也是中餐的重要聚集地。据美国中餐协会的统计,美国中餐馆数量业已超过5万家,美式中餐馆在美国每年的销售额超过210亿美元。中餐融入其主流饮食,而正宗中国餐肴也已经成为当地中餐业的主流。90%的美国大众熟悉和品尝过中餐,有大约一半的人经常食用。中国菜式中的湖南菜、北方菜、四川菜为百分之七八十的消

---

① 陈伟明、侯波:《20世纪以前的南洋华侨在中外饮食文化交流中的作用》,《东南亚研究》2006年第1期,第55-57页。
② 刘志琴:《150年前,西餐来了》,《中华读书报》2016年3月16日。转引自张凯滨:《海外中餐馆与中华文化走出去———一种普通媒介学的视角》,《中州学刊》2018年第12期,第167页。
③ 张凯滨:《海外中餐馆与中华文化走出去———一种普通媒介学的视角》,《中州学刊》2018年第12期,第167、168页。
④ 黄如捷:《战后海外中餐业发展剖析》,《华侨华人历史研究》1991年第2期。转引自张凯滨:《海外中餐馆与中华文化走出去———一种普通媒介学的视角》,《中州学刊》2018年第12期,第168页。

费者所熟知。① 目前欧洲有很多华侨华人依靠餐饮业谋生。据统计，英国有中餐馆和外卖店1.5万家，法国有8000家，德国有中餐馆超过7000家，荷兰拥有2000多家，西班牙已达3000家。②

世界各地年轻一代中餐从业者，正力争将中餐发展成一张有内涵和底蕴的"文化符号"，向国际主流社会诠释中餐的"舌尖魅力"。③ 法国"欧洲时报"与《东方美食》杂志社合作，推出欧洲首家以弘扬中餐为目的的美食杂志《食尚亚洲》，利用传媒的平台优势，消除不对称的信息壁垒，弥合产业鸿沟，聚焦美食制作与创新，造就海外华人产业增值、发展的新机会，让中华美食文化不断发扬光大。这是海外中华饮食文化宣传的一个创新和亮点。④

英国专门为东亚美食文化设立的"金筷子"已经举办了两届，之所以叫"金筷子"，就是希望人们一听见就联想到中餐、中国文化与其他东方美食文化。在"一带一路"倡议引领下，中餐也加快了"走出去"步伐。如2016年，浙江省发起"海外万家中餐馆·同讲中国好故事"活动，得到海外1万多家中餐馆的热烈响应。2017年下半年，台州、绍兴、嘉兴等多地将文化宣传片投放到中餐馆平台，每天有300多万当地居民通过高清大屏了解浙江的"美食、美景、美文"。⑤

2014年，国务院侨办倡导"中餐繁荣计划"，提出要"以食为本，固本强基，提升中餐在全球的整体形象；以食为缘，携手兴业，促进内外中餐业联动发展；以食为媒，服务社区，做海外和谐侨社建设的骨干；以食

---

① 美国中餐发展150年历史回顾（三），2011年5月20日。转引自欧荔：《"一带一路"战略背景下中华饮食文化建设的新思考》，《福建省社会主义学院学报》2017年第2期，第83页。刘海铭：《美国华人餐饮业及其文化认同》，《华侨华人历史研究》2008年第1期。
② 欧荔：《中华饮食文化建设的新思考》，《福建省社会主义学院学报》2017年第2期，第81-84页。
③ 世界华商发展报告指餐饮业是欧洲华商的支柱产业，2016年03月07日。转引自欧荔：《"一带一路"战略背景下中华饮食文化建设的新思考》，《福建省社会主义学院学报》2017年第2期，第83页。
④ 欧荔：《"一带一路"战略背景下中华饮食文化建设的新思考》，《福建省社会主义学院学报》2017年第2期，第88页。
⑤ 周欣媛：《海外中餐稳步崛起 "中餐繁荣"锦绣渐成》，2018年6月1日。转引自张秀明：《华侨华人与"一带一路"视野下的跨文化交流》，《西北工业大学学报》（社会科学版）2019年第2期，第62页。

为桥，沟通中外，做中外文化交流的大使"。①"中餐繁荣基地"致力于搭建中餐教育培训平台、中餐对外交流平台、中华美食宣传平台、中餐发展研究平台以及中华美食的产业联盟平台。基地还开设了全球性远程教育网站——中餐繁荣网上课程，目前已经成功在美国上线，网站推出名师大厨的教学视频和中餐研修班信息，为身在海外从事中餐的华人提供便利教学，实现中餐大师教全球网友学做中国菜的目的。海外从事中餐业的华人还可以在跟全球同行"抱团"探索中，为中餐经营谋得更好的发展出路，既扩大声誉又培养兼顾中西文化的人才，有效缓解了餐饮人才培养的困境。

（四）华侨华人中医文化与侨居地文化的交汇与融合

有人称中医中药为中国古代发明之外的"第五大发明"。中医中药是中国传统文化的瑰宝，中医文化是中医药学的根基。中国医药文化植根于中国传统哲学体系，始于中国农耕社会。中国医药文化对外传播开始时间早，传播范围广。最早出现于有相同文化背景的东北亚、东南亚等中华文明辐射范围内的国家。

日本应是最早传入中医药文化的国家，早在被秦始皇派遣扶桑的徐福船队中就有医者，他们应是最早将中医带到国外的人。另据记载，562年，南朝僧人知聪携《明堂图》等160余种医书东渡日本，并在途径朝鲜半岛时在当地传授中医药学。直至现代，日本和朝韩两国还保留着大量的中医传统。②

古代许多中国人来到东南亚，他们有意或者无意地将祖国先进的中医药带到其所去的国家和地区，为当地居民的健康作出了贡献，对这些国家医疗卫生事业的发展以及社会的进步起到了重要作用，在一定程度上也增进了人民之间的了解和友谊。至少在3世纪初叶，我国医药已经传入越南。炼丹在魏晋南北朝时期风行一时，为此许多炼丹家到越南去采药炼丹。宋

---

① 欧荔：《"一带一路"战略背景下中华饮食文化建设的新思考》，《福建省社会主义学院学报》2017年第2期，第85-89页。
② 鲁旭：《中医文化的海外传播与翻译》，《晋阳学刊》2019年第3期，第141页。

元时期，我国海外贸易非常发达，因而随之流寓者很多。加之期间中国境内战乱不止，许多中原人士为躲避战乱，纷纷南迁，中间不乏医药人士。宋元以前华侨在东南亚的医药活动范围主要集中在越南，由于许多华侨医生医术高超，多活动或供职于所在国的皇室贵族、王公大臣等上层社会，并深受他们的器重和敬服。

明清时期，以郑和下西洋为先导，华侨随后大量移民东南亚，使得中医中药更多地传入东南亚。明末，一些不堪忍受战乱以及满族人统治的人士纷纷南逃到东南亚，以避战乱。其中，有不少医药人士随之南来。清代，尽管统治者多次颁布限制、禁止商民出海的法令，但仍有越来越多的华侨到东南亚各国，其中有很多从事医药事业者，且这些人在当地从事医药活动的范围越来越广泛，影响也越来越大。

明清时期，在东南亚国家的华侨医生的活动与宋元以前相比有了很大不同。首先，活动的区域不只局限于越南等少数国家，而是活跃于大多数国家和地区。其次，治疗的对象也不再只是所在国的王公贵族阶层，而是逐渐向平民阶层发展。再次，华侨医生的影响力越来越大。有为当地人治病，受其爱戴而被神化者；有以医助军，而被该国政府嘉奖者；也有以药业起家而功成名就者；等等。文化的传播和交流是双向对流、互为影响的。东南亚的许多药物由华侨带回祖国，也多见于中国的医药书籍。古代华侨不但是中国与东南亚地区文化交流的积极促进者、传播者，而且是中国和东南亚地区文化交流的重要桥梁和友好使者。[①]

中医在19世纪后期就随华人与美贸易和移民赴美而传入美国。两个世纪以来，经过移居美国中医药人员的不懈努力，中医药和中医教育及科研都有很大的发展。[②] 近年来美国公众和医学界逐渐认识到中国传统医学的安全有效和通用广泛的特点，越来越多的美国人愿意接受中医治疗。在美国从事中医药相关工作的人差不多有4.5万人。美国内华达州早在1973年

[①] 冯立军：《古代华侨华人与中医药在东南亚的传播》，《华侨华人历史研究》2003年第1期，第54—59页。

[②] 高玛莉：《美国中医药和中医教育的发展》，《八桂侨刊》2000年第3期，第59页。

就通过了中医合法化法案,这也是美国史上第一部《中医法》。不仅是针灸治疗,中药应用也正式合法化。两年后,该州还进一步修改了该中医法案,规定保险公司支付针灸诊疗费用。美国目前有34个州承认了美国中医执照(NCCAOM)考试,除少数州自行命题考试发证外,该证堪称全国统一上岗执照。作为独立医学体系,美国政府每年花费超1.2亿美元用于补充和替代医学的研究和发展,而针对中医、中药和针灸的研究项目多达几十种。

本是西医起源的欧洲,却占到全世界中草药消费市场份额的44.5%,60%以上的欧洲人都在使用中医药物。英国人接触中医药历史较早,对中医药比较信任,加上英国政府在2004年之前,没有限制中成药进口,英国成为中医药在海外发展最为昌盛的国家之一。如今,英国中医诊所已高达3000多家,仅伦敦就占1/3。平均每年都有150万人接受中医疗法,超过11所正规大学开设中医、针灸课程。中医业成了英国华人仅次于餐饮业的主要收入来源,英国也成为亚洲之外第二大中成药市场。而华侨华人无疑是英国中医药发展的主力。[①]

德国每年接受中医治疗人数超过200万,拥有官方针灸证书的医师超过5万,占德国医生总数的16.7%。瑞士从1999年3月开始就将中医、中药、针灸的费用纳入国民医疗保险。作为欧洲第一个实施中医立法的国家,2013年匈牙利国会就通过了中医立法,中医师在匈牙利拥有正规的行医许可。2015年匈牙利总理欧尔班签发颁布了中医立法实施细则,开始承认中国高等中医院校学历,中医师有5年相关工作经验并符合相关条件,就可申请在匈牙利独立行医的中医从业人员行医许可证。匈牙利总人口不到1000万,有近600名匈牙利医师开设有自己的中医诊所。由此可见匈牙利从医学界到民众对中医的认可程度。意大利不少医院设有中医门诊部,全国草药店均能见到中草药和中成药。挪威已成立官方的中医药工作小组,加快了中医药的发展。

[①] 夏瑾:《英国中医发展现状调查堪称海外最地道的中医》(2017-01-19)。转引自张秀明:《华侨华人与"一带一路"视野下的跨文化交流》,《西北工业大学学报》(社会科学版)2019年第2期,第62页。

澳大利亚中医发展模式已在双重意义上成为以英语为母语的西方发达国家中海外中医药事业发展的典范。首先是在澳大利亚公立大学中实现了中医药专业人才高等教育的多层次、系统化培养。其次则表现为澳洲官方首开对中医执业予以国家层面立法支持的先河，从而营造出了有利于中医药事业长远发展的社会文化氛围。[1] 从 2012 年 7 月 1 日开始，在澳大利亚正式注册的中药、中医师能够在澳大利亚合法行医，并且在澳的 5000 余家中医诊所被正式纳入澳国家医疗体系之中。在澳大利亚，大约有 20 所大学提供中医课程。

中医在促进中外友好方面也发挥了特殊作用，救治了多名外国政要，开启了不一样的"中医外交"。1968 年，阿尔及利亚国防部副部长萨布患腰椎间盘突出，卧床整整 30 天，中国中医专家石学敏利用针灸治疗使其很快恢复。第二天，该国最大报纸《圣战者报》以大幅标题报道："这不是巫术，也不是魔术，而是中国几千年历史的医学法宝！"1972 年，柬埔寨有关方面向中国求援，希望中国医生为首相宾努亲王做白内障手术。当时的眼科专家、"金针拨障术"妙手唐由之对宾努亲王实施了白内障针拨术，手术后，宾努亲王复明，且没有任何术后并发症。中医在新加坡颇有名气，这不仅是因为那里的华人多，相信中医，更因为中医是通过绝妙的疗效博得了正名。1990 年中国和新加坡建交，新加坡国父、首任新加坡总理李光耀喜欢游泳、打高尔夫球等运动，自从患左肩外伤性肌腱炎以后，多年来左肩转动不便，手抬不过头，十分痛苦。他遍访英美等国名医，均无法治愈。1991 年，他表示想邀请中国著名中医骨科专家为其诊治久治不愈的肩周炎宿疾。著名的正骨专家葛长海教授为其诊治，经过 3 个多月的治疗，李光耀的肩周炎得到根治。李光耀的迅速康复，使新加坡许多政要和上层人士改变了对中医中药的看法，李光耀称赞中国的中医专家医术精湛、医德高尚。他还要求新加坡卫生部门研究解决中医中药在新加坡的合法地位，使

---

[1] 韩俊红：《传统中医药海外发展的澳大利亚模式与启示》，《广西民族大学学报》（哲学社会科学版）2019 年第 6 期，第 88 页。

中医中药最终在新加坡获得"正名"。

近年来国际上"中医热"持续升温。有关资料表明，传统中医药事业的海外发展已经奠定了扎实的社会基础。海外中医事业扎根当地的一个重要表现即"现在执业的中医师70%是洋中医，中医服务的患者70%是外国人"。[①]根据2016年12月国务院新闻办公室发布的《中国的中医药》白皮书，中医药已经传播到183个国家和地区，目前世界卫生组织的会员国中有103个认可使用针灸，29个会员国设立了传统医学的法律法规，18个会员国将针灸纳入医疗保险体系，将中医药发展上升为国家战略，如今，每年约13000多名留学生来华学习中医药。[②]中药也逐步进入国际医药体系，已在俄罗斯、古巴、越南、新加坡和阿联酋等国以药品形式注册。中医药有8万多家中医诊所，从业者达30多万人。中医药在跨文化传通中与受众当地文化互动，由当地人进行"再创造"，逐渐形成了与中国中医本体有差别的"中医"形态，即"海外本土中医"。[③]有30多个国家和地区开办了数百所中医药院校，培养本土化中医药人才。中医药在海外已经从过去的民间地位逐渐步入海外国家医疗体系的主舞台。[④]马来西亚卫生部于2018年3月推出《马来西亚传统与辅助医药发展蓝图2018—2027（医疗篇）》，明确规定要将包含中医的传统与辅助医药纳入以西医为主的政府医疗服务体系，与西医达成共生共存，一起促进马来西亚国民的卫生与保健。[⑤]

在当前新冠肺炎疫情防控中，中医药彰显了特色优势，贡献了重要力量。中医药在海外市场更受欢迎的背后是国际社会对其抗疫功效的认可。

---

① 田雅婷：《让中医药服务世界人民健康：访中国中医科学院院长、中国工程院院士张伯礼》，转引自韩俊红：《传统中医药海外发展的澳大利亚模式与启示》，《广西民族大学学报》（哲学社会科学版）2019年第6期，第88页。

② 陈骥、乐意、何姗、唐小云：《〈中医海外传播〉任选课的教学设计及教材编写初探》，《成都中医药大学学报》（教育科学版）2017年第6期，第34页。

③ 陈小平、冯雅婷：《"海外本土中医"的"文化间性"形态——以"体质/状态针灸"为例》，《广西民族大学学报》（哲学社会科学版）2019年第4期，第25页。

④ 张其成：《中医文化海外传播应纳入国家战略》。转引自张秀明：《华侨华人与"一带一路"视野下的跨文化交流》，《西北工业大学学报》（社会科学版）2019年第2期，第62页。

⑤ 蔡高茂、张其成：《海外中医制度文化之探索马来西亚中西医结合概况与发展战略初探》，《世界中医药》2018年第11期；《海外中医制度文化之探索马来西亚中医药发展大蓝图（2018—2027）》，《世界中医药》2019年第11期。

在海外社交媒体上，多国网友纷纷表达了对中医药的期待与信任。

国务院颁布了《中医药发展战略规划纲要（2016—2030年）》，提出实施中医药海外发展工程。截至2019年12月，我国在全球共设立54个中医药海外中心，分布在欧洲（26个，占比49%）、亚洲（15个，占比29%）、大洋洲（6个，占比10%）、非洲（5个，占比8%）、北美洲（2个，占比4%）等丝绸之路沿线国家和地区，贯通亚欧大陆，在推动中医药海外发展和文化国际传播中取得了一系列极具影响力的成果。①

2014年6月，第七届世界华侨华人社团联谊大会在京举行。会议表示，国务院侨办和中国海外交流协会将采取一系列惠侨举措，其中涉及推广中华传统医药及繁荣发展中餐等内容。② 2015年6月，由国务院侨务办公室主办、上海市人民政府侨务办公室和上海中医药大学共同承办的中医药"走出去"专题论坛暨第31期华侨华人社团负责人研习班在上海举办。来自五大洲17个国家和地区的60多位海外中医药社团、中医学校诊所、中医药企业的负责人汇聚上海，与国内约200名中医药从业人员共同参加本次论坛。③ 国务院侨办还委派中医专家团在国外举行义诊交流活动，为华侨华人和当地人提供中医养生保健咨询和免费诊疗服务。④ 近年来，孔子学院、中医孔子学院、海外中国文化中心、海外中医药中心、"中医关怀"海外惠侨计划等项目的不断推进，也为中医药的海外传播搭建了多重平台。⑤

（五）华侨华人文学艺术与侨居地文化的交汇与融合

汉唐盛世使中国声威远播，中国文化也越出中国国界，泽被周围国家。在中国文化影响所及，汉语成为所在国家知识分子普遍学习和掌握的语言。

---

① 高静、郑晓红、孙志广：《"一带一路"背景下中医药海外中心建设与发展》，《南京中医药大学学报》（社会科学版）2020年第2期，第124页。
② 国文：《中医药推广列入惠侨计划》，《中医药管理杂志》2014年第6期。
③ 上海中医药大学国际教育学院国际交流处：《中医药"走出去"论坛暨华侨华人社团负责人研习班开幕》，《中医药文化》2015年第4期。
④ 《中国中医专家团在老挝开展义诊交流活动》，《中医药导报》2012年8月28日。
⑤ 陆跃、邵晓龙、陈仁寿、张宗明：《在助力全球抗击疫情中推动中医药文化海外传播》，《中医药文化》2020年第3期，第1页。

海外汉文学就是在这个基础上产生的。根据现有资料，日本、琉球、朝鲜、韩国、越南等国是使用汉语进行创作最多的国家，作品包括诗、词、赋、散文、笔记、小说等，数量巨大。鸦片战争以后，东南沿海一带的农民被迫出洋谋生，形成巨大的移民潮。华人出国以后，大多聚族而居，仍能保留原来的生活习惯与文化传统，此后又逐渐产生了华文教育和华文报纸，华文文学创作也就应运而生。到20世纪，以非华侨作家为主体的海外汉文学已逐步趋于消失，代之而起的是以华侨作家为主体的海外华文文学。[①]

就中国传统小说、戏曲的传播和接受而言，中国本土之外的海外华人是一个十分特殊的文化群体，在文化传承上，他们与中国传统文化有着很深的渊源关系，对中国传统文化有着特殊的意义和感受，但同时他们又生活在异域，受到其他国家、民族文化的深刻影响。对中国传统小说、戏曲的译介，不仅满足了海外华人了解本民族传统文化、延续文化薪火的愿望，也使中国文化在世界各国得到更为广泛地传播。[②]华文文学表现出的民族性格、文化习俗、伦理价值、宗教意识与西方如英美等国家有着显著差异。华人流播到海外世界的各个角落，凡有华人之处就有华文文学生长。[③]

东南亚是华侨华人最多、居住最集中的地区，地理上与中国最接近，历史上与中国关系又最密切，受中国影响也较深，故华文文学出现也最早，繁滋久、渊源富、基础广、积累深、辐射面宽，成为海外华文文学的一个重镇。[④]其中又以新、马传播尤为早。在马来半岛，华裔文学在19世纪前就已产生。作者们除了在报刊发表马来诗歌和故事外，也出版一些诗集，成绩最突出的是峇峇（华侨与马来妇女结婚生下的儿子），他们用马来文翻译中国古典文学著作和通俗小说，这些书在20世纪初的海峡殖民地很流行。这种翻译本最早于光绪十五年（1889）出版，是由闽南籍华侨陈明

---

① 陈贤茂：《海外华文文学的前世、今生与来世》，《华文文学》2017年第2期，第20、21页。
② 苗怀明：《现代海外华人社会的形成与中国小说、戏曲的传播、接受》，《河南社会科学》2012年第2期，第79页。
③ 姚朝文：《海外华人迁徙血泪与华文文学播散的方向》，《佛山科学技术学院学报》（社会科学版）2004年第1期，第16、17页。
④ 张经武：《中国文学在东南亚传播的历史脉络与多元路径》，《东岳论丛》2019年第7期，第16页。

德所译的《杏元小姐》《凤娇》《雷峰塔》和取自《今古奇观》《聊斋志异》的故事。早期著名的翻译家曾锦文（1851—1920），闽南籍，出生于槟榔屿，其译作中有《三国演义》《水浒传》《西游记》。[①]战后，经过"马华文学独特性和侨民文学"的大辩论，新马华文文学也从侨民文学变为华人文学，走向独立发展的新阶段。80年代新马华文文学以新生态与本土的人文汇合，融和作品的本土性有着故土和新土的气息，两者往往掺杂交融，合为一体，当今新马华文文学作家正喜迎文学新高潮，其中不乏佼佼者，如方修、方北方、尤今等。[②]

东南亚的其他国家如泰国、印尼、菲律宾，其华文文学的形成与发展大致也如新、马两国，涌现出一些有成就的作家。[③]现有史料表明，当时传进暹罗的中华文化样式是中国的文学作品，传播方式是将中国文学作品翻译成泰文。暹罗是东南亚地区唯一把小说的翻译工作委任给高级官吏的国家。将中文翻译成泰文，华侨自然占有不可替代的先天优势。据说昭披耶帕康（1750—1805）是第一部中国小说暹译本的译者。他是福建华侨后裔，吞武里和曼谷王朝时代一位杰出的文官，曾任商务兼外交大臣，被赐以皇族披耶。从14世纪就被忽视了的暹罗散文文学因他而得以复兴。他的译作有《三国演义》泰文译本（1802）。其后，又有人译出了近30部中文小说。自拉玛一世至拉玛五世（1782—1910），所有这些作品的翻译都是在宫廷高级官员的资助下进行的。[④]

中国文学在东南亚的传播，在古代主要体现为朝贡贸易传播和民族迁徙传播，在近现代主要体现为华侨华人传播，在当代呈现出多元传播的特点。自古至今中国文学在东南亚的传播路径日趋多元化，目前各种各样的

---

① 陈志明：《海峡殖民地的华侨——峇峇华侨的社会与文化》，载林水檺、骆静山编：《马来西亚华人史》，马来西亚留台校友会联合总会，1984年，第183页。转引自高伟浓：《清代华侨在东南亚》，暨南大学出版社2014年版，第459页。
② 罗晃潮：《华侨华人与中华文化海外传播》，《岭南文史》1998年第2期第84、85页。
③ 罗晃潮：《华侨华人与中华文化海外传播》，《岭南文史》1998年第2期第84、85页。
④ 吴凤斌：《东南亚华侨通史》，福建人民出版社1994年版，第487页。转引自高伟浓：《清代华侨在东南亚》，暨南大学出版社2014年版，第307页。

传播形式和媒介载体多元共生，影视媒体和网络媒体强势崛起，中国文学在东南亚的传播迎来了崭新的机遇期。①

北美华文作者中留学生多、技术移民者的比重远高于其他地区。而且，他们往往是直接从大陆、台湾、香港移居过去。拿东南亚与北美这两个海外的华文文学重地相比，大略地说，或许东南亚华文文学的基础、规模、数量、作家队伍要高于北美，而北美华文作家的艺术素养、学历水准、科学训练的功底和拔尖作家的数量则优于东南亚。

欧洲、澳洲与新西兰、南美洲、非洲等地的华文作家数量较少。欧洲的华文文学经过清末民初至20世纪40年代末的酝酿摸索、50年代初至70年代中的拓荒播种、70年代末至90年代初的勃兴发展等阶段，迎来了众声喧哗的90年代，此势头一直持续到21世纪。纸媒的逐步强大，尤其是各类中文报刊文学版副刊的出现，全欧性或区域性、国家性文学组织的风起云涌，加上网络时代自媒体文学的快速运行，促使欧洲华文文学迅速发展，毫不逊色于北美华文文学。②

海外华文文学东方板块主要由日本和东南亚两个地区组成。日本的华文文学与中国"五四"以来的新文学发展关系紧密，鲁迅、周作人、陈独秀等中国新文学的倡导者都是戊戌变法后东渡日本开始从事文学活动的；郭沫若、郁达夫、成仿吾等新文化运动的干将也于辛亥革命前后留学日本并转向文学创作。另外，夏衍、穆木天、丰子恺、胡风、周扬等都曾经留学日本，从事文学活动。海外华文文学的西方板块主要包括欧洲地区和美国的华文文学创作和研究。欧洲华文文学创作起源于20世纪二三十年代，这一批留学欧洲的中国留学生，如徐志摩（留学英国）、巴金（留学法国）、朱自清（留学英国）、艾青（留学法国）、冯至（留学德国）等，在旅欧期间就开始了文学创作和翻译工作，他们深受欧美文学潮流的影响，拓宽了文化视野，并将在海外所接受的文化影响延续到他们回国后，乃至整个文

---

① 张经武：《中国文学在东南亚传播的历史脉络与多元路径》，《东岳论丛》2019年第7期，第16页。
② 计红芳：《论欧洲华文文学的阶段性发展》，《常州工学院学报》（社科版）2019年第5期，第23页。

学生涯，促进了中西方文学和文化的交流。

作为海外华文文学中的重要一脉，新移民文学在中西方文化交融的环境中开创出了一个崭新的文学空间，为海外华文文学的发展不断蓄力。回首新移民文学的创作轨迹，先是在 80 年代出现了以查建英、苏炜、阎真等为代表的"大陆留学生文学"的先声，之后是 90 年代初周励《曼哈顿的中国女人》、曹桂林《北京人在纽约》为代表的新移民文学发轫期，写的多是海外传奇经历以及怎样为生存而奋斗。到了 90 年代中期，严歌苓、张翎、虹影"三驾马车"迅速崛起，创作了大量新移民文学的重要作品。进入 21 世纪，海外新移民文学开始向着宽阔与纵深领域发展，无论是讲述海内海外的"国际化"故事（如张翎），还是深入回归"中国书写"（如严歌苓）；无论是生活积累的广度和深度（如陈谦），还是寻找历史的隐秘死角（如陈河）；无论是把握人性的焦点（如张惠雯），还是表现文学精神的觉醒与升华（如袁劲梅），海外的新移民文学都有相当出色的表现。美国有一个非常著名的文学杂志叫《纽约客》，近年来就常有华人作家的作品。《纽约时报》上也会出现有关华人作家的评论。加拿大的华人非常多，华文文学也发展得特别快。比如在蒙特利尔的魁北克华人作家协会，一成立就有 100 多人。特别值得提到的作家有张翎、陈河、曾晓文、薛忆沩等，作品被加拿大的主流媒体翻译推广。[①]

世界性华文文学热潮的兴起、发展，为本土华文文学与海外华文文学的互动以及世界华文文学的研究、整合，提供了一个积极的背景。瞩目世界，20 世纪的后半叶，特别是 80 年代以后，伴随中国改革开放的大潮，大批新移民、留学生纷纷移居海外，华文文学如星星之火燎原于浩瀚的星空，涌现出一批实力雄厚、领异标新的诗人作家，加上已移居所在国的二、三代华裔作家，形成了新的有别于中国本土文学的海外华文作家军团。而地处亚太范围内的东南亚诸国，无论是马华文学、新华文学、菲华文学，还是泰华文学、印华文学或文（莱）华文学，都拥有各自颇具实力的华文写

---

① 陈瑞琳、凌逾：《关于海外华文文学的新思考》，中国作家网，2019 年 04 月 28 日。

作队伍。他们彼此遥相呼应，形成海外华文文学的方阵。在某种意义上，与中国本土文学共同汇合成气象万千的"大中华"文学图景。[1] 华文文学已成为世界上拥有读者最多的语种文学之一。今后，随着世界多元文化的崛起，随着世界各华人社区的发展和中华文化的进一步弘扬，也由于华文文学所蕴含的丰富内容和文化信息，华文文学必然越来越受到世界各国、各地区人们的关注和重视。[2]

2014 年，由国务院侨办主办，暨南大学、中国世界华文文学学会协办的首届世界华文文学大会在广州举办。大会邀请海内外从事华文文学创作、传播及研究的文学界人士及国内代表媒体与会，旨在加强海外华文作家组织网络建设。大会倡议成立了"世界华文文学联盟"，把散落在世界各地的从事华文文学创作、研究和传播的文学团体和工作者联系起来，成为团结联谊全球华文文学界人士的有效平台。

除了以上节庆民俗、戏曲音乐艺术、饮食文化、中药文化、华文文学等几个方面，华侨华人在民间艺术、建筑、体育等各个领域，与侨居地文化也发生了交汇与融合。例如，"在越南香茶县有操芒坊……学织于北客（指华侨），世传古花彩缎锦绣诸花样，皆巧妙。抉宅社织锦为席，俗名罩席，亦以作帆，其席亦如京北广览席。"[3] 在马六甲市区有一条古老的街道——荷兰街，其早期是华裔的聚居地。那里可说是富贵繁华的象征，街道两旁尽是古色古香的中古风格住宅，住宅内有大厅、中厅、内厅、天井、后院及侧院等，长 200 多尺。屋内的布置更是精致雅观，雕梁画栋处处可见。[4] 槟榔屿本多园林名胜，其结构多为西式，但个别园林名胜以中式名称命名，如燕闲别墅、清芳阁、澄怀园、长春坞、兰圃别墅、友石庐、陶然

---

[1] 庄伟杰：《域外汉字文化圈与海外华文文学》，《云梦学刊》2014 年第 3 期，第 102、103 页。
[2] 饶芃子：《世纪之交：海外华文文学的回顾与展望》，《暨南学报》（哲学社会科学）2000 年第 4 期，第 1 页。
[3] 《皇越地舆志》卷一《顺北》，摘自中国社会科学院历史研究所：《古代中越关系史资料选编》，中国社会科学出版社 1982 年版，第 668 页。转引自高伟浓：《清代华侨在东南亚》，暨南大学出版社 2014 年版，第 263 页。
[4] 高伟浓：《清代华侨在东南亚》，暨南大学出版社 2014 年版，第 420、421 页。

楼、怡和园等，无一不是以中国传统方式命名，浸染着中华传统文化的印记。①。

三、面临的机遇和挑战

（一）机遇

当前中国综合国力的提升、海外侨情的新变化以及侨务部门着力打造侨务文化品牌等都推动了华侨华人生活方式方面的文化交流。

1. 中国国家影响力的提升

随着改革开放的不断深化，中国综合国力与国际影响力不断提升。在此背景下，具有悠久历史和深厚底蕴的中华文化越来越具有影响力和吸引力，使世界各地民众了解中国和中华文化的愿望越来越强烈，越来越多的中国元素成为当代世界文学、影视、时尚等文化创作的灵感和热门题材，中华文化的魅力光芒四射，成为让世界了解中国、向世界展示中国形象的重要软实力。中国文化的吸引力也越来越大，②特别是在"一带一路"倡议中人文交流是重要内容，这些都为中国文化的传播与跨文化交流创造了宽松友好的国际环境，有利于华侨华人的文化交流。③另外，2011年10月，中国共产党十七届六中全会通过的《中共中央关于深化文化体制改革 推动社会主义文化大发展大繁荣若干重大问题的决定》，为进一步推动我国软实力建设、增强国家核心竞争力、塑造国家形象指明了方向。④党的十八大以来，习近平总书记高度重视文化建设，坚持以人民为中心的工作导向，举

---

① 高伟浓：《清代华侨在东南亚》，暨南大学出版社2014年版，第422页。
② 金程斌：《新时期华侨华人与中华文化传播管窥》，《侨务工作研究》2015年第5期，第42页。转引自赵健、王玲玲等：《海外华侨华人与中国公共外交的拓展研究》，中国华侨出版社2016年版，第50页。
③ 张秀明：《华侨华人与"一带一路"视野下的跨文化交流》，《西北工业大学学报》（社会科学版）2019年第2期，第64页。
④ 赵健、王玲玲等：《海外华侨华人与中国公共外交的拓展研究》，中国华侨出版社2016年版，第50、51页。

旗帜、聚民心、育新人、兴文化、展形象，建设社会主义文化强国，激发全民族文化创新创造活力，更好构筑中国精神、中国价值、中国力量，为推动华侨华人日常生活文化国际化发展战略提供了坚强的指导。

2. 海外侨情的新变化

华侨华人的规模不断扩大，特别是新移民群体的形成，改变了华侨华人社会的格局与特点。目前，海外华侨华人规模达6000多万人，比改革开放之初的3000多万人翻了将近一番，这无疑增加了"文化中国"中"第二意义世界"的队伍。特别是改革开放以来形成的新移民群体，规模达1000万人。新移民受教育程度普遍高，高素质人才比例大。而在所在国出生的华裔新生代，教育水平同样很高，成为各行各业的专业人才。华侨华人经济实力日益增强，政治地位和社会地位不断提升，文化素质和教育水平越来越高，与祖（籍）国的联系和交往日益密切，传播中华文化的使命感和责任感也越来越强。[①]

3. 侨务部门打造的文化品牌

侨务部门在推动中华文化传播方面发挥了自身的优势，起到了独特的作用。以国务院侨务办公室为例，为了满足海外侨胞的精神文化需求，集中展示中华文化的丰富多彩和博大精深，增进海外侨界及主流社会对中华文化的了解和喜爱，国务院侨办精心打造了"文化中国"系列品牌活动。这些系列活动规模越来越大，形式更加多样，内涵日益丰富。从2009年起，国务院侨办和中国海外交流协会主办的"文化中国·四海同春"活动，旨在以春节为契机，组织中国高水平艺术团组赴海外开展慰问演出，并以此作为中外文化交流的平台。这不仅让各国的华侨华人重温中华情谊，也让各国当地民众有机会接触真实、优秀的中华文化，提升中华文化的吸引力。截至2018年，"四海同春"已累计向超过160个国家和地区派出逾75支艺术团组，在五大洲逾332个城市演出450场，广场和剧场观众超过600

---

① 张秀明：《华侨华人与"一带一路"视野下的跨文化交流》，《西北工业大学学报》（社会科学版）2019年第2期，第64页。

多万人次，受到海外侨胞的广泛好评，被誉为"海外春晚"，充分展示了中华文化的独特魅力，增进了世界人民对中国及中华文化的了解和认知，扩大了中华文化的国际影响力。除了"四海同春"活动外，自2001年以来，"文化中国"品牌活动还相继推出海外文化社团负责人观摩团、世界华裔杰出青年华夏行、中华才艺培训班、海外华文媒体高级研修班、名家讲坛、中华才艺大赛、海外华裔青少年中文歌曲大赛、知名华人书画家采风团、世界华文文学大会等系列活动，多层面、全方位地打造中华文化传播的平台；支持建立"全球华人乐团"和海外"华星艺术团"，培养壮大植根海外的中华文化传播力量。此外，还实施"中医关怀"和"中餐繁荣"计划，组织中医团、厨师团赴海外交流培训，开办厨师培训网络课堂，推动建立起海外中医药、中餐业协会网络，加强行业互助、自律和交流。[1]

（二）挑战

1. 文化差异带来的文化冲突

由于中西文化背景不同和传统观念的差异，存在一些跨文化交流本身无法避免的因素，如对异文化的无知、偏见与刻板印象，影响着人们的认知。如在一些意大利人眼里，生活在意大利的中国人是一个"神秘的、令人无法接受的群体"，甚至"中国人是永远不死的"，然后是黑帮、吃狗肉……这些臆想出来的东西，构成大众对意大利华人的片面认知。[2]

中医中药在美洲地区的传播与发展受到种种限制，无法与西医取得同等地位。20世纪80年代末，中药原料在美国按农产品对待，允许进口和销售，而对中成药一般不允许进口。1993年，美国食物与药物管理局提出一项法案，将维生素、矿物质及中草药列入药物管制范围。该法案的实施，

---

[1] 《"四海同春"十载海外行，五洲圈粉无国界》（2018-03-10）。转引自张秀明：《华侨华人与"一带一路"视野下的跨文化交流》，《西北工业大学学报》（社会科学版）2019年第2期，第64、65页。

[2] 拉菲尔·欧利阿尼、李卡多·斯达亚诺：《不死的中国人》，邓京红译，社会科学文献出版社2011年版，第2—4页。转引自张秀明：《华侨华人与"一带一路"视野下的跨文化交流》，《西北工业大学学报》（社会科学版）2019年第2期，第65页。

导致购买中国草药须有西医处方,不但影响中医药业,对华人的生活习惯也有深远影响。①

中国人民间的婚丧喜庆,以及一些庆典活动比较讲究排场、好面子。这种情况在经济发达、生活富裕的沿海侨乡尤为盛行,蔚然形成一种社会风气。深受中国传统文化影响的海外华侨华人,思想观念上存在着类似情况。例如,菲律宾首都马尼拉的华侨华人公墓建造得十分豪华,边上还有漂亮的楼房,里面装有空调、冰箱等家用电器。华侨华人在举办庆典等活动时,也喜欢把它做得大型和奢华,以图博得他人的赞誉。这种情况不论是在菲律宾,还是在华侨华人生存环境并不宽松的印尼,都是同样存在的。2012年11月菲律宾中国洪门致公党宿务支部的换届庆典,不仅邀请了首部马尼拉总部和国内其他省支部的许多代表参加,而且邀请了中国福建、广东、上海、北京和重庆5个省市的代表团前往参加。仅从中国邀请去的嘉宾,总数就有120多人,加上菲律宾国内各地受邀前往参加庆典活动的嘉宾,总人数估计达二三百人之多。而且,庆典活动加上其后的参观旅游,前后为时达5天之久。此外庆典活动又租用该市最豪华和现代化的国际会议中心,所以仅这个支部的换届活动,就要有不菲的花费。印尼的情况也是如此,第二届苏北文学节是由印尼华文作家协会苏北分会所举办,这是一个省级的地方分会。1965年华文学校关闭后,经过30多年的断层,当地爱好华文文学的华侨华人应该不会有很多,而且年龄都在55岁以上。可是,他们的这个文学节还要请许多人前往参加。除了首都雅加达和印尼国内其他省的许多嘉宾外,还邀请了中国、泰国、文莱、马来西亚、新加坡和澳大利亚等国的嘉宾。而中国前往的嘉宾,来自福建的福州、厦门、泉州、漳州等市,以及浙江、江苏、北京、上海、湖北、广西等这些省市。全部嘉宾的总数,估计也有二三百人之多。②而华侨华人居住地其他民族的

---

① 《上海侨报》1993年10月5日。转引自沈燕清:《美洲华侨与中医药的发展》,《八桂侨史》1998年第3期,第58页。
② 黄英湖:《访菲、印尼后谈当地侨情和公共外交》,"华侨华人与中国周边公共外交"研讨会,2014年5月27-28日,厦门,华侨大学。

生活有的并不富裕，不少人仍生活在贫困之中。在一些城市里，还存在着大大小小的贫民窟，旅游景点也有成群伸手乞讨的儿童，华侨华人的这些行为容易引起当地人的仇富心理。

跳广场舞是涉及公共领域的问题，但华侨华人甚至因为音乐而对他人造成了困扰。纽约布鲁克林的日落公司如今成为华人晨练、休闲、健身的重要场所，但随之而来的音乐扰民问题不断遭到周围其他族裔的投诉与抗议。曾经一支华人舞蹈队在该公园排练时，遭到附近居民的多次报警。[①]

2. 海外华侨华人的不当行为和竞争方式不时出现

有些华侨华人本身的一些不当行为引发负面效果。如偷税漏税、灰色经济等现象，只顾赚钱，不注重融入当地，都成为跨文化交流的障碍，还有些行为使当地人对中华文化产生了误导与曲解。

海外中餐馆经营者的素质参差不齐，目前在海外尤其是欧美国家立足的中餐馆，大多数还是第一代华人移民在经营。由于在20世纪八九十年代中餐名气大，在海外市场缺口较大，这样引得大批本不具备经营条件的华人蜂拥入行淘金，不管在国内什么职业或者什么背景的人，在海外都可以开中餐馆谋生。因缺乏团结共赢的长远眼光，同行恶性竞争严重，中餐沦为廉价美食。很多经营者满足于小富即安的状态，在经营思路和发展观念上趋于保守。特别是一些聚集在唐人街的中餐馆，在菜式变化、装潢设备、经营规模、经营方式上，在一定程度上存在"搭便车""一窝蜂"的跟进心态，加上一些既无资本又无厨艺的新移民不做任何市场分析地扎堆走捷径，结果使得中餐馆的经营业态趋同；另外，随着其他国家餐馆陆续涌入，中餐馆的市场份额更是受到冲击。为了生存，同行间的恶性竞争就不可避免。恶性竞争拉低了中餐的价格，一味地以低价吸引客源，造成菜品质量和口味无法保证，中餐的"文化品位"和"国际形象"受到影响。再则，海外华侨华人"入乡随俗"地更改或放弃中餐传统味道和技法，迎合西方的口

[①] 游国龙：《公共外交与华侨华人软实力》，"华侨华人与中国周边公共外交"研讨会论文，2014年5月，华侨大学。

味和饮食习惯，以追求短期的客源和经济利益而自动放弃了依靠中华饮食文化而建立起来的核心竞争力，以致无法在国外与根深蒂固的西餐体系分庭抗礼。①

中医的发展方面，首先由于中医从业门槛较低，一些没有系统学过中医的人"混水摸鱼"，不会把脉，更不会开药。病人很不满意，对中医就不再那么相信，损害了中医的声誉。②其次，海外中医业中存在良莠混杂的情况，特别是大量新移民涌入，不少人在国内学西医，由于到海外无法从事本职行业，就只好改从中医，这影响了中医药的发展。少数中医药从业人员以赚钱为目的，视诊务为生意，有的甚至背离中医的科学传统，亦给中医药在外发展带来了不利影响。③

3. 产品、产业、文化三大层面有待加强

中餐方面，有的处于有生存而无发展的状态。中餐产品国际化不足，缺乏知名的世界中餐品牌，小型化、分散化的发展模式使得企业很难做大做强，再加上文化的偏见使得中餐一有风吹草动，如媒体的负面报道、食品安全、移民政策、经济萧条等，往往就陷于恶性价格竞争、举步维艰甚至关门倒闭的状态。现代管理观念较为缺乏，在现有的中餐馆中，受过专门培训的经营从业者较少，不懂中餐烹饪或者餐饮经营管理的占大多数，即使是厨师或餐馆从业人员出身，在实际经营中，由于语言及文化的问题，往往只懂做生意，只关注是否有客源，采取简单粗放式经营，无暇研究经营管理的事，更谈不上深入调查市场状况及趋势。而且由于餐馆大多是家庭式经营，维系着全家人的生计，经营小心谨慎，承担风险能力弱，不敢尝试新的管理手段，市场观念和现代管理理念缺乏成为华人中餐馆经营的

---

① 杨宁、周宇宁：《华人中餐业呼唤经营新理念》，《人民日报》（海外版）2010-09-16（6）。转引自程小敏、桑建：《探究中餐海外发展困局与走出去策略》，《扬州大学烹饪学报》2012年第3期，第46页。
② 张秀明：《华侨华人与"一带一路"视野下的跨文化交流》，《西北工业大学学报》（社会科学版）2019年第2期，第65页。
③ 沈燕清：《美洲华侨与中医药的发展》，《八桂侨史》1998年第3期，第58页。

最大问题。[①] 在产业方面,产业战略高度不够,渠道不广泛,缺乏大体量的运营实体。专业技术人员匮乏导致菜品缺乏创新。纽约本地权威餐饮指南《查格纽约市指南》曾指出:"20 年前纽约客一谈起亚洲,首先想到的就是中国菜,近年来,日新月异的韩国菜、日本菜、泰国菜、越南菜得到越来越多人的青睐,中国菜呈上餐桌的仍然是一成不变的老菜式。"[②] 海外中餐馆品牌化、国际化、转型升级等都还"路漫漫"。[③]

中医的海外传播,尤其是在西方国家的传播中,传播内容不成体系,理论传播不足。[④] 以中医药为载体开展的系列中医药文化、中华文化交流活动,形式多以举办中医药文化沙龙、中医义诊、中医教学诊所、中草药参观等为主,较为单一,文化交流的品牌效应亟待加强。应以多样化形式打造人文交流的国际品牌,全方位展现中医药文化精粹和中华文化精髓,促进世界民众对中医药文化和中华文化的认同。[⑤]

4. 华侨华人文化交流面临断代危机

在北美,因为老一辈华侨华人中医界人士在若干年后会陆续退休,而他们的子女多出生于当地,即使学医也多学西医,以致后继无人。加上在美洲,如美、加国家,主流社会人士正在快速和大规模进入中医领域,逐渐把当地中医药变为西医的附属部分,即使中医西医化,中医虽进入高等医学院校,也使华裔中医师面临丧失优势的严峻前景。尽管当地中医业者临床经验不足,但他们有语言的便利条件和很强的社会、政治人际关系,将导致华裔在当地中医界减弱竞争能力,如美国针灸委员会已经以白人为

---

① 郝洪梅、高伟浓:《关于当前美国华人餐馆业处境的思考》,《中国发展》2005 年第 1 期,第 56—59 页。转引自程小敏、桑建:《探究中餐海外发展困局与走出去策略》,《扬州大学烹饪学报》2012 年第 3 期,第 45 页。
② 中国新闻网:《成昨日黄花风光不再,纽约中餐业如何突破困局》,2007 年 11 月 22 日。转引自程小敏、桑建:《探究中餐海外发展困局与走出去策略》,《扬州大学烹饪学报》2012 年第 3 期,第 45、46 页。
③ 欧荔:《"一带一路"战略背景下中华饮食文化建设的新思考》,《福建省社会主义学院学报》2017 年第 2 期,第 84—89 页。
④ 鲁旭:《中医文化的海外传播与翻译》,《晋阳学刊》2019 年第 3 期,第 141、142 页。
⑤ 高静、郑晓红、孙志广:《"一带一路"背景下中医药海外中心建设与发展》,《南京中医药大学学报》(社会科学版)2020 年第 2 期,第 126 页。

主了，甚至一些中医术语也改变了传统的提法，如把"中医针灸"改为"针灸骨伤"等。① 在中餐方面，年轻人不愿花更多时间从事低层饮食服务和研究烹饪行业，饮食文化不可避免产生断层断代。② 在戏曲艺术方面，随着岁月流逝，粤剧、潮剧、潮乐与潮州大锣鼓演员出现了大断层，许多演员已渐渐进入古稀之年，这些艺术形式也面临薪火失传的困境。

四、推进华侨华人日常生活文化海外传承传播的相关建议

第一，引导海外华侨华人不断提升整体形象和受欢迎、受尊重程度，更好地生存发展和融入当地。第二，加强专项调查研究，掌握海外侨胞文化交流及产业发展的实际需求。立足于为侨服务，到海外侨社开展广泛调研，了解侨胞在当地开展文化交流活动的现状及需求，因地制宜，有区别、有层次地为侨胞提供高质量文化服务。充分重视海外中医师、中餐馆等相关文化行业发展中的关注点和诉求，促进侨胞成立中餐业协会，加强行业自律自助，提升海外中餐业水平，弘扬中华饮食文化。组织好中医海外咨询活动，加强海外中医与国内中医院合作，开展相关培训，提升海外中医行业的水平和形象，弘扬中华传统医学文化。第三，深入挖掘文化精髓，发挥品牌传播效应。深入挖掘中华生活方式文化中丰厚的历史文化内涵，提炼具有鲜明特色与时代气息的思想精髓、文化元素和发展模式。有针对性地选择适合目标受众群体审美需求的传播路径和传播方式，增强与世界文化的普适性。重视文化传播品牌效应，适时推出一批有影响、有规模、有内涵、高水平的文化项目、文化活动。优化涉侨文化传播品牌，完善统筹管理机制，制定发展规划，协调有关部门、群团组织发挥各自优势，与时俱进做精做优文化"走出去"系列品牌活动，提升影响力。第四，加

---

① 沈燕清：《美洲华侨与中医药的发展》，《八桂侨史》1998年第3期，第58页。
② 欧荻：《"一带一路"战略背景下中华饮食文化建设的新思考》，《福建省社会主义学院学报》2017年第2期，第84–89页。

快文化产业发展，打造文化特色产品。引导海外侨胞培育、建设和推广具有地域特色、民族特色的文化产业，如中国节庆品牌、餐饮品牌等，将其逐渐做大，通过商业渠道将中华优秀传统文化推向国际市场，促进文化的交流与发展，进一步推动文化产业发展。第五，加强对海外侨胞文化活动的引导支持，发展壮大海外本土化力量。加强侨胞文化交流的政策指导和价值引领，提升华侨华人开展文化传播与交流的意愿，注重激发侨社内生动力，推动华侨华人组织好文化展演等各类文化活动，充分展现中国节庆民俗、戏曲音乐艺术、饮食文化、中医文化、文学艺术等各方面文化的独特魅力。第六，在实际文化拓展中抓住龙头重点，涵养侨务文化资源。重点针对华侨华人社团、侨领、华商、华裔政治家、专业人才等华社精英做工作，发现和培养文化交流能力，涵养文化传播后续力量。鼓励社会组织、中资机构、留学人员和出境游客等参与人文交流项目，扩宽中华文化海外传播渠道。第七，充分展现侨乡文化特色魅力，着力培育侨胞精神家园。深刻认识侨乡文化建设的重大意义，加强政策指导，完善规划引领，用侨乡侨文化精髓去滋养广大侨胞的精神世界，提振广大侨胞精神力量。深入推进侨乡侨文化研究工作，推进侨乡侨文化遗产保护工作，使之成为维系广大侨胞与祖（籍）国情感相依的重要纽带。积极深入推进侨乡侨文化展示工作，做大做强侨乡文化节等文化品牌，使之成为讲好中国故事、推介侨乡发展的靓丽名片。不断拓展侨乡文化建设广阔空间，促进中华传统文化、侨乡特色文化与世界先进文化交流，树立"文化侨乡"良好形象。

第三章
华侨华人社团与中华文化的海外传承和传播

华侨华人社团是海外华侨华人因亲缘、地缘、文缘、业缘、神缘等关系结合在一起的自保互助、联络感情、互利互惠并具有一定程度自治权的组织。华侨华人最初流寓海外多出于官方出使交流、贸易、战争、宗教传播或迫于生计等原因,而且旅居异国他乡的生活是极其艰难而孤独的,生存的需要和情感的依托使他们聚合在一起,互相依靠,抱团取暖,求生存,谋发展,逐渐形成了各种各类的社团。

从传播学的角度来说,文化的魅力不仅在于传承,更在于传播和交流。中华文化博大精深,璀璨辉煌,在面向世界的传播过程中不断吸收和借鉴世界各民族的优秀文化成果,获得了自我发展、成长、壮大的机会,也获得了在新的历史条件下蓬勃发展和进步的无限可能。人是文化的载体,分布于世界各地的华侨华人包括游客访客,他们身上表现出来的形象气质、民族特色,就是中华文化最好的传承和传播。他们走到哪里,就会把多年形成的生活习惯和祖(籍)国的文化带到哪里,并逐渐影响当地居民。可以说，中国文化以丰厚深沉的内涵和智慧、开放包容的胸襟和气度成为世界文化格局中的重要组成部分，与华侨华人在海外的传承和传播有重大关系，甚至可以说华侨华人功不可没。

习近平总书记指出，团结统一的中华民族是海内外中华儿女共同的根，博大精深的中华文化是海内外中华儿女共同的魂，实现中华民族伟大复兴是海内外中华儿女共同的梦。海外华侨华人社团作为华侨华人社会的枢纽和核心，是中华文化的自觉传承者和传播者，也是实现中国梦的推动者和践行者。当前，在世界经济全球化格局和"一带一路"倡议全面推进的大背景下，华侨华人数量不断增多，华侨华人社团数量也在迅速增加。分布于世界五大洲的 2.5 万多个华侨华人社团，其活动范围广阔，组织形式多样，活动方式丰富，他们带着中国文化的印迹在居住国活动，把发扬本民族和祖籍地文化作为己任，在社团宗旨、组织和活动中处处体现着文化传承传播的功能。李明欢教授曾指出，在当代海外华人社团的宗旨中，涉及保持、学习、研究或弘扬中华文化内容的，约占 44%。[①]

随着全球一体化进程的快速推进，当前世情、国情随时都在发生着变化，华人社会的年龄结构、教育程度，华侨华人社团的数量、组成情况、组织形式、活动内容也随时在发生着变化。华侨华人社团的健康发展，事关海外华侨华人社会的和谐稳定和中国的国际形象，事关中华民族伟大复兴的光辉事业。研究海外华侨华人在海外传承和传播中华文化的途径、方式、机遇和挑战，并根据当前海外华侨华人社团的现实情况提出相应对策，对充分发挥华侨华人社团的优势和潜力，排除阻力，形成合力，促进中华文化更好地在海外传承传播具有重要的价值和意义。

[①] 李明欢：《当代海外华人社团研究》，厦门大学出版社 1995 年版，第 338 页。

一、华侨华人社团在中华文化海外传承和传播中的途径和方式

（一）在日常活动中传播中华文化

华侨华人社团由众多携带中华民族文化基因的华侨华人聚集而成，作为海外华侨华人的基本社会单元，华侨华人社团在日常生活和各种活动中处处体现着中华文化的特征。以缅甸为例，仰光市 18 条街因为华侨华人聚居而被称为仰光的"唐人街"，遍布街区的华侨华人社团会馆所里，都能看到中国文化的集中展示。"唐人街"的华侨华人社团会馆所多为广东、福建籍华侨华人所建，因而其建筑格局、室内装潢等都带有浓厚的广东、福建地方特色：大门两侧张贴对联，悬挂灯笼、彩灯；室内正堂设有神龛供奉观音、关公、妈祖等神佛；大厅备有招待访客的各种茶具、茶叶。饮食方面，由广东、福建人带到缅甸的油条、萝卜糕、炸扣、芋粿等小吃也常作为社团日常聚会和待客的主要佐茶小点；缅华慈善会、缅华妇女协会等社团组织都有定期组织聚会的惯例，每次聚会都有会员在家或在会馆制作炒河粉、凉面、芋子糕等小吃和大家一起分享，共同品味来自祖（籍）国的家乡味道。在社团的联谊活动中，中文歌曲、中国少数民族舞蹈和中国武术表演等"中国味"的节目往往成为联谊活动的压轴戏，中山装、旗袍也成为主持人首选的服装，有些社团还把中山装、旗袍作为会员的统一服装。仰光华侨华人社团一直有着为当地华侨华人排忧解难、协助会员操办婚丧嫁娶事宜的优良传统，在举办结婚典礼时，会场的布置会按照中国传统习俗张贴双喜字，悬挂联姻志喜的横幅，仪式中有向来宾赠送伴手礼、新人向父母敬茶等体现中国传统婚俗文化的仪式。在这些社团里，广大华侨华人不仅通过饮食、服饰和各种活动感受来自故土的味道和乡情，以此排解乡愁、联络感情，同时，因为活动规模较大需要聘请当地缅甸人协助，很多缅甸人在此过程中熟练地掌握了烧中国菜、做中国小吃甚至做中式服装

的技能，有的凭这些技能摆起了炸油条的小摊，开起了中国餐馆谋生，中华文化在这里与当地文化交汇交融、互利互补，不仅带来了当地的安宁和谐，也使中华文化在特定的环境中以特别的方式传播开来。

（二）成立文化社团

成立文化社团是海外华侨华人传承和传播中华文化最直接的方式。旅居海外的华侨华人初到一地，人地生疏，语言不通，一时难以融入当地的生活和文化。为了排解异乡生活的孤寂，他们在异国建立或加入一些戏剧团、音乐社、舞龙舞狮队、精武馆、美术书法协会等文化团体，满足精神生活的需求，同时达到休闲娱乐、强身健体的目的，并"通过固守本民族的传统与文化，在精神上保持与家乡故国的紧密联系"[①]。早期建立的文化社团活动内容、组织形式、传承方式比较单一，多以一种艺术门类为活动的主要内容，几个有兴趣爱好的人就可以组成社团，聚在一起交流心得、互相切磋，通过师徒相传的方式传承和传播中华传统文化。

经过几代人的辛苦打拼，华侨华人不但在海外站稳了脚跟，在经济、科技、文化等领域的影响力也越来越大，也意识到文化在凝聚人心，团结侨社特别是促进青年一代华裔民族认同感等方面的重要作用，一些综合性的文化中心、文化交流协会大量涌现。这些综合性文化社团一般有固定场所，机构齐全，组织完善，通过举办艺术展览、研讨会、讲座、学习班等活动传承和传播中华文化。例如，由马来西亚马华公会发起组织的华人文化协会，其目的在于为华人文化和其他民族的文化交流提供媒介，研究及提倡华人文化，使其成为国家文化的组成部分。协会成立的文化中心附设语文与文学组、视觉与听觉组、综合艺术组等8个小组，通过举办美术展、华人书法训练班，出版研究论文集，召开学术研讨会，召集全国文化团体交谊会等方式传播中华文化。1986年成立于阿根廷首都布谊诺斯艾利斯的中华文化学会，以传播中国绘画、气功、针灸等古老文化的精华为宗旨，

---

① 肖炜蘅：《海外华人文化社团浅析》，《八桂侨史》1997年第4期，第22页。

开设少林拳、太极拳、气功、国画等学习班，促进了中阿两国的文化交流。毛里求斯中国文化中心是以传播中华文化为宗旨的机构，通过举办美术陶瓷展、中国工艺美术展、中国穆斯林图片展、中毛儿童画展，请中国特级厨师讲授中国菜的烹调等活动加强中毛两国文化交流互鉴。马来西亚雪兰莪嘉应会馆设有专门的醒狮团，在所有的集体活动中，例如周年庆典、春秋祭、关帝圣君神诞、奖助学金颁发大会等，都会有醒狮团的表演，增加热闹气氛，同时弘扬传统文化。[1] 这些社团都以传承和传播中华文化、促进中外文化交流为己任，一方面积极宣传中华传统文化；另一方面开放场所，增加活动内容，创新活动方式，欢迎当地居民参与到活动中来，促进了中华传统文化与当地文化的融合，极大地丰富了住在国多元文化的内涵。

（三）开展华文教育及为华文教育提供相关服务

海外华文教育一直被作为海外华侨华人的"留根工程"备受关注。语言文字是民族传统文化的重要组成部分，是构成民族文化的重要因素和维系民族生存的精神纽带，如果一个国家、民族的语言丧失了，必然带来文化的断层或者消失。华侨华人后代要掌握中国语言文字，才能维系起族裔的民族认同和民族情感，才能传承和传播中华优秀的传统文化。在很多国家，教育是由政府出资的公共服务项目，但华文教育并不在其列。在没有政府拨款资金来源的情况下，开展华文教育只能依靠华人社会特别是华侨华人社团的支持，因而很多华文学校或华文补习班都是依托社团而存在。以英国为例，在184个华侨华人社团中，华文华语社团中心有79处，它们创办或参与建立的中文学校有110所。[2] 瑞士日内瓦华人联谊会为会员子女开办华文补习班；巴西华人协会也开设中华文化学习班；缅甸福建同乡总会下设福星语言与电脑学苑开展华文教育，缅华妇女协会开设有华文幼儿园，庆福宫、九龙堂等几个庙宇也开设有华文补习班；法国潮州会馆在创建之初设文教部教授中文，后在此基础上创建的中文学校，其规模和教

---

[1] 赵娜娜：《当代新马粤籍华团文化功能的发展》，《科技博览》2017年第27期。
[2] 刘琛等：《海外华侨华人对中华文化的传承与传播》，北京大学出版社2018年版。

学水平在法国华文教育领域具有极大的影响力，很多外地学生都慕名前来，2009年还获得国务院侨办授予的首批"华文教育示范学校"称号。

除了直接开展华文教育，海外华侨华人社团还积极为华文教育提供相关服务。例如在马来西亚成立的华校董事联合会总会（董总）和华校教师会总会（教总），根据各个时期华文教育工作的需要，成立各种机构和工作委员会负责各项有关工作，极大地推动了马来西亚的华文教育工作。在泰国、老挝、柬埔寨等国家成立的教师协会、华校联合会，积极探索提高华文教师素质、保障华文教师权益的方法和途径，保证华文师资队伍的稳定性。另外，由中国政府组织的各种海外讲学活动也得到了华侨华人社团的大力支持和协助，比如由中国海外交流协会举办的"文化中国·名家讲坛"系列活动到海外华文学校培训华文教师，每到一地，当地的华侨华人社团都积极提供场所、组织学员、设计行程等，精心的安排和热情的接待充分保障了讲学活动的顺利开展。

（四）组织节庆民俗活动

中国一年四季有十几个传统节日，生活在海外的华侨华人，除了参加居住国的国家节日和民族节日活动外，每逢祖国的传统节日，他们仍然会按国内的习俗过节，既体现了对住在国国家、民族、民俗的尊重，又继承和弘扬了中华民族的文化传统，因而每到中国的传统节日，就是海外华侨华人社团最忙碌的时候。华侨华人社团在中国传统节日期间组织的节庆活动，把客居他乡的华侨华人聚集在一起，举行传统仪式，制作传统饮食，畅叙亲情，排解乡愁，也让中华民族亲情团圆、慎终追远、精忠爱国、尊老敬老等传统文化的精神内涵在海外得到了充分的展示和传播。例如，春节期间，世界各地的海外华侨华人社团都会在唐人街举办春节庆祝活动。法国巴黎的法中商贸联合会、中法服装实业商会、法国华人贸易促进会等社团在每年正月举办庙会，醒狮、舞龙和威风锣鼓的巡演，总能吸引很多当地民众驻足观看。泰国北榄坡府华人社团在春节组织潮州大锣鼓、广东醒狮队、华北舞狮队、舞蹈、踩高跷、划旱船等活动,现在已经形成固定的春节迎神盛会。缅甸仰光的华侨华人社团每年春节轮流举办新年春宴,吃传统年夜饭,欣赏民族歌舞,举行敬老、敬师仪式,充分展现了中国饮食文化、民族民间艺术和敬老尊师的优良传统。在美国洛杉矶、波士顿等地,各大传统华侨华人社团会在每年3—4月举行祭祖和春宴、展览等一系列迎春活动,增强团结,联络宗亲乡情。2018年3月洛杉矶罗省中华会馆还在迎春活动中举办了黄花岗七十二烈士暨孙中山先生文物图片特展,将孙中山先生精忠报国、昂扬不屈的民族精神带到了海外。

除了传统的春节、中秋节等重大节日外,海外华侨华人社团还保留了很多其他传统民俗活动。例如,马来西亚华人很重视重阳节,2019年马来西亚彭亨州关丹华人协会举办的重阳节登高活动,200多华侨华人穿上汉服登高祈福、品酒赏菊,中华民族敬老、爱老、助老的良好风气得到了大力弘扬。泰国的广东潮汕华侨华人很注重中元节活动,每逢中元节,普吉各界华人团体都会举办相关祭祀活动来沿袭祖先优秀文化,并吸引了众多游客和当地民众的驻留参与。[1] 新加坡宗乡会馆联合总会每年举办的端午节嘉年华,会因地制宜地举行划旱龙舟比赛,还准备了独具当地特色的马来风味、印度咖喱味粽子供大家品尝。不同族裔文化的融合不仅使中华文化的内涵得到了良好的展现,也因外延的充分扩展而更具生命力。

海外华侨华人社团组织的节庆民俗活动,在华侨华人追先忆祖、共享团圆的同时,也向当地民众敞开了一个了解中国的重要窗口,很多当地民众在节庆活动中不再是猎奇和旁观,而是积极加入,因而在唐人街的庙会上经常可以看到穿唐装的外国人,华人社团的醒狮队、舞龙队中也有很多外国人的身影,不仅极大地丰富了当地民众的精神生活,也使中华文化作为当地多元文化的重要组成部分而受到当地政府的尊重和支持。美国纽约从2001年开始,其标志性建筑——帝国大厦会在春节期间通过1327只彩灯亮起华裔喜爱的"中国红",表示对中国农历新年的祝贺,并从2003年

---

[1] 张颖:《华侨华人力推中华文化海外传播途径研究》,《长沙大学学报》2018年第32期,第69页。

起将中国春节纳入公共假日；2005年中秋节，澳大利亚的华人社团组织了"金秋晚会"和"南太平洋中国武术锦标赛"，还组织了百人烧烤活动，吸引了很多澳大利亚政要和民众的参与，澳大利亚联邦政府律政部部长雷锋说："中秋节对于这里的中国社团来说显然是个很重要的庆祝活动，同样也是个吃月饼的好机会，这是一次对澳大利亚多元文化社会非常有意义的活动。中澳之间相互分享，相互学习，我们两国会因此而受益匪浅，我们确实在互相学习，对此我感到很欣慰。"2010年春节，法国总统萨科齐邀请法华侨领和名人到爱丽舍宫，共同欢度中国传统春节；新西兰奥克兰市政府从2018年起，每年拨出专款资助社团举办中秋灯会和文艺汇演。目前，包括美国、加拿大、韩国、日本、菲律宾等近20个国家和地区，已把中国春节定为整体或者所辖部分城市的法定节假日。由此可见，海外华侨华人社团组织的各种节庆民俗活动，已经成为联系华侨华人与住在国的一座文化桥梁，有力地推动了中外文化的交流融合及和谐世界的共建共享。2010年法国华文媒体《欧洲时报》发表的评论表示："从亚洲到拉美，从欧洲到大洋洲，中国的春节已经逐步从民间走进各国的主流社会。人们处处都可以体验到虎年春节的欢乐气氛，感受到中华文化的魅力。"

（五）举办各类文化竞赛

举办各类文化竞赛是海外华侨华人社团传承和传播中华文化非常有效的途径和方式，竞赛的目的不在于获奖，而在于提高海外华侨华人特别是华裔青少年了解和学习中华文化的兴趣，增进其对祖（籍）国的认识和了解。

由北京市侨办主办的"文化中国·水立方杯"海外华人中文歌曲大赛自2011年以来，每一届比赛都得到上千家海外华侨华人社团、华文媒体和华教机构的大力协助，成为凝聚海外华侨华人、促进中外人文交流、传播中华文化的重要平台。在总决赛前的选拔赛中，海外各赛区的许多华侨华人社团承办、协办、赞助比赛，成为当地一年一度的"海外华侨华人文化大联欢"。例如2019年意大利米兰赛区的选拔由意大利龙甲教育联合意大利北部华侨华人经贸总会、米兰中国文化中心、米兰华星艺术团共同主办；加拿大蒙特利尔赛区的选拔由中加多元文化交流协会、南开蒙特利尔校友会、力溶声乐艺术学校主办，还有魁北克福建同乡会、蒙特利尔华助中心等几十个华侨华人社团协办。

每年在国务院侨办举办"海外华裔青少年中华文化知识竞赛"前，很多国家和地区的华侨华人社团都积极组织选拔赛，海外青少年选手们积极参与比赛，并在轻松愉悦的氛围下学习和了解中华文化知识。例如，在2011年的竞赛中，英国赛区的比赛由英国中文教育促进会承办，意大利赛区由意大利普拉托联谊会中文学校在爱丁堡及伦敦同时举办。2019年7月，西班牙马德里中国文化中心举办了"马德里中国文化中心杯知识竞赛"，100多名华裔青少年选手参加了中国地理、历史、民俗等方面的文化知识竞赛。2013年缅北地区举行的第二届海外华裔青少年中华文化大赛，得到了当地华侨华人社团及同胞的大力支持，在当地引起了巨大反响。

"华人少年作文比赛"是1993年由已故教育家韩作黎先生发起的，旨在培养世界华人少年热爱祖国的语言文化，提高他们使用祖（籍）国语言文字能力的一项世界性的华人文化竞赛，每一届比赛的组织及颁奖都得到了广大华侨华人社团的大力支持。英国中文教育促进会自2012年以来一直组织英国赛区学生参加此项比赛。

除了这些规模和影响力均比较大的世界性的文化竞赛，由国内各级政府组织的各类文化竞赛也得到了广大海外华侨华人社团的积极响应和支持。由江苏省侨办、教育厅主办的"华文创想曲"世界华裔青少年暨港澳台青少年创意作文大赛至今已经举办了两届，得到了全美中文学校协会、加拿大华人同乡会联合总会、新加坡行知文教中心等多家海外华侨华人社团的积极支持和协助。2010年由北京市侨联主办的全球性书画大赛——"金水桥之恋"华裔青少年书画比赛，2017年由福州市外侨办、福建晚报社主办的海外华裔中小学生"印象·福州"书画征文摄影大赛等文化竞赛，在广大海外华校、社团中反响很大，得到了大力的支持。

此外，在中国的传统节庆活动中，华侨华人社团还会组织一些趣味性的节庆竞赛。例如，春节期间的舞龙、舞狮竞赛，烹饪大赛、灯谜大会，端午节期间的龙舟赛、包粽子比赛，中秋节期间的灯笼彩绘比赛、斗诗比赛、吃月饼比赛等，与时俱进地将中国的节庆文化发扬光大，让住在国民众近距离地接触了解了中国传统文化的精妙。

（六）扶危济困，进行公益慈善捐赠

扶危济困、乐善好施历来是中华民族的传统美德，是一种以帮助他人为荣、以解人之难为乐的高尚道德情怀。华侨华人身在海外，起初是为了生存需要成立了各式各样的社团组织，因而很多社团的宗旨都包含着互帮互助、解危助困的内容。华侨华人在海外站稳脚跟，事业发达后，依然保持了这种优良传统，以各种公益慈善捐赠的方式回馈祖（籍）国和当地社会，因而组织各种公益慈善捐赠成为华侨华人社团活动的重要方面。

海外华侨华人社团进行公益慈善捐赠活动主要面向住在国和祖（籍）国，在住在国成立各种慈善会、互助会，为当地有困难的华侨华人提供各种社会福利和救助，很多慈善救济还惠及住在国民众和世界各族裔移民。例如，位于加拿大温哥华的中侨互助会，最初只为华裔特别是香港华裔提供服务，帮助他们适应新生活，融入当地社会，后来其服务逐渐延伸到其他族裔新旧移民，到 2010 年，中侨互助会服务的其他族裔占到了所有服务人数的 35%。在温哥华总部，有来自不同国家的职员用十多种语言为接受移民安顿服务的人进行一对一家访和帮助；同时，这里还为低收入的移民提供由政府资助的廉价公寓，对于生活不能自理、需要长期护理的人员则安排在有护士及康复设备的护理安老院，让所有有困难的族裔都能有尊严地生活。在日常生活中，很多慈善互助会也很关注对当地困难民众的帮助。例如 2017 年，阿根廷布市华侨华人互助会在 José C. Paz 市儿童基金会的组织下慰问贫困儿童，受到了孩子及家长们的热烈欢迎；在得知布市患有

先天性心脏病的小女孩vicky家庭十分困难，又需要到美国波士顿心脏权威中心医治的情况后，阿根廷中华慈善总会立即发起捐赠倡议并在几天的时间筹到5万阿币捐助，帮助其家庭解决困难。这些公益慈善组织在住在国充分发挥其融入、帮扶与关爱的职能，开展敬老、扶弱、助残、救急等活动，充分体现了海外华侨华人的仁爱慈善之心，完美诠释了中华文化解危纾困、互帮互助的传统道德精华。

除了在住在国面向广大华侨华人和住在国民众的公益慈善活动，在祖（籍）国遇到重大事件或举行重大活动时，海外华侨华人社团更是积极组织，踊跃参与，慷慨解囊，倾力相助，体现出中华民族扶危济困、回馈社会的优良品格和血浓于水的同胞深情。2008年北京举办奥运会时，在北京市政府发出让海外华侨华人自愿捐资共建国家游泳中心这一标志性奥运场馆的倡议后，纽约地区20多个侨团积极响应，踊跃捐款，表达拳拳爱国之心。5·12大地震发生之后，世界各地的华侨华人社团立即行动，筹集善款，在一周时间内，美国华盛顿地区华侨华人社团和中国留学生组织就向中国驻美大使转交了给中国地震灾区的捐款，表达他们对灾区同胞的关切和支持，其中美国福建同乡会和美中商会筹集了5万美元，华盛顿地区北大校友会捐献了1.2万美元；美国华盛顿地区同乡会联合会筹集捐款25万美元，墨西哥中华会馆筹集捐款7.78万美元。

2020年世界发生新冠肺炎疫情，在全球抗击疫情的战场上，遍布五大洲的华侨华人社团组织携手合作、守望相助，纷纷组织捐款捐物，积极驰援祖（籍）国抗疫。加拿大长乐公会订购1万只医疗防护口罩发往中国；多伦多福清商会累计购买约2万件医用口罩、防护服等驰援家乡抗疫；多伦多华人团体联合总会紧急采购包括1.6万只医用口罩、3万双手套、1000副护目镜等在内的捐赠物资发往中国；加拿大华人联合总会首批捐赠的10万只口罩运到湖北；俄罗斯上海和浙江商会捐赠的首批244箱医用口罩、防护服等医疗物资运到杭州；菲律宾最大的华人社团——菲华商联总会通过中国驻菲律宾大使馆捐款1.2亿比索（约合1650万元人民币），用于支援中国新冠肺炎疫情防控工作；澳大利亚大华联会、西澳湖北同乡会、西澳广东同乡会、西澳中原联谊会、西澳华侨华人妇女联合会、西澳湖南同乡会、澳大利亚东北联合会等社团筹集款项和医疗用品送往救援一线；澳洲华人房产建筑协会西澳分会提供机场免费接送等后期服务……艰难时刻，全世界海外华侨华人与祖（籍）国人民万众一心，共克时艰，表达了海外华侨华人的一片赤诚之心和浓浓的同胞亲情，体现出海外中华儿女扶危解难、与全国同胞同呼吸共命运的担当精神。

不仅如此，海外华侨华人社团还积极投入到当地的疫情抗击中。疫情初发时，许多侨团就及时发出倡议，提醒侨胞在注意防疫的同时，为需要帮助的侨胞提供力所能及的帮助。在意大利，数十个华侨华人社团、30余名侨领加入自发成立的疫情防控应急小组，不少商会还专门划拨资金，帮助生活困难的侨胞减压力解难题；全日本华侨华人联合会通过华文媒体刊发倡议书，呼吁全体在日华侨华人从自身做起，与日本人民同心互助，共同防控新冠肺炎疫情。泰国、巴西、比利时、西班牙等多个华侨华人社团也组织起来，向当地捐赠防护物资，分享国内抗疫经验，有些社团采购口罩、消毒剂等医疗物资，免费发放给当地民众和社团会员……疫情在海外暴发后，面对住在国物资紧缺的问题，多个国家、地区的华侨华人团体和个人为当地医院、社区、养老院等捐赠大量的口罩、防护服等。伦敦华埠商会、英国浙江联谊会暨商贸会等华侨华人社团在伦敦向英方捐赠3万套医用防护服，以协助英国抗击新冠肺炎疫情；加拿大多伦多华人团体联合总会、加拿大华人同乡会联合总会、加拿大福建社团联合总会等若干社团也向当地医院及护理机构分多批次捐赠医用防护物资；泰国华人青年商会向曼谷市警察总局捐赠10000个医用口罩，助力当地做好新冠肺炎疫情防控工作；加拿大深圳社团联合总会邀请来自中国抗疫一线的权威专家袁静教授举办新冠肺炎防治知识全球直播讲座，分享最新、最权威的防疫知识；巴西华人协会不仅向圣保罗警察捐赠口罩，还向当地有困难的民众捐赠基本食品篮，帮助他们渡过难关……疫情面前，海外华侨华人社团积极出钱、出力，自助、互助、助人，以"落地生根"的姿态和共建人类命运共同体的大局意识"打好全场"，共同书写了中华民族"一方有难、八方支援"的传统美德和团结互助、自强不息的民族精神。《纽约时报》等西方媒体曾赞叹："疫情面前，华人的善良和团结有目共睹。"

（七）在海内外举办宗乡会

中国人历来重视宗族观念和血缘关系，这也是中华文化几千年来虽历经社会动乱和朝代更迭却能够一直传承下来的主要原因。

早年先辈们"下南洋"谋生，在异国他乡人地生疏、举目无亲，为了团结乡亲联络感情，相互照顾和共谋福利，先后组织了以地缘或血缘为基础的同乡会和宗亲会。由于早期移居海外的华侨华人多是同一地方的具有血缘关系的人，因而血缘性社团和地缘性社团通常是重合在一起的，很多研究者把它们合称为宗乡社团。"历史上，世界各地华侨社会的血缘和地缘两类社团的出现时间一般最早，不会在其他'缘'的社团之后。原因是，血缘和地缘社团要最先担负起华侨移民在移居地立足和生存的最基本也是最重要的功能。"[①]宗乡社团会馆最初的功能是团结乡亲、联络乡谊，对新到的同乡安排住宿、介绍工作，对老弱贫病进行照顾支助等工作。"此外会馆举办春秋二祭、清明祭祖，体现华人祖先崇拜、饮水思源、敬老尊贤、长幼有序、奉行孝道的精神；逢节日庆典就呈献酬神戏，照顾华社宗教与精神上的需要，民间文化也在会馆这平台上通过这些娱乐表演，在传统戏曲故事说唱间，潜移默化地传承传统忠义伦理思想，发挥着人文教化的社会功能。会馆也是华社征婚机构、提供婚庆丧吊场所，也承担着管理义山的任务，在维持社群的宗法秩序和凝聚力方面起了很大作用。"[②]可见，宗乡社团作为海外华侨华人社团的基础性组织，既在维系海外华侨华人社会基础

[①] 高伟浓、张应进：《对东南亚华人社团的整体性观察：渊源、功能、现状与前景》，《东南亚纵横》2015年第12期，第48页。

[②] 吴庆辉：《新加坡华人社会的民间宗乡组织与社团》，博物馆华文义工研习坊网（新加坡），2008年8月16日。

结构方面起着纽带的作用,也在日常生活中保持和弘扬了中华文化敦亲睦族、乐善好施、团结和谐的文化传统,成为中华文化在海外传承与传播的重要窗口和载体。

游子思归、落叶归根,衣锦还乡、光宗耀祖是中华传统文化中乡土情结和人生价值认同的重要体现。随着中国经济的快速发展和交流范围的扩大,华侨华人宗亲社团依然保持了酬神拜祭等弘扬中华传统文化的活动,例如2016年6月由英国中文教育促进会发起了为期两天的"祭祀万姓先祖"伦敦祭祖大典,整个活动除祭祖仪式之外,还举行了一系列关于孝道等中国传统价值观的文化专题讲座和中乐团音乐演奏会,王氏、黄氏、李氏、林氏、谢氏、马氏等海外大姓宗亲每年都举办全球性的恳亲大会。另外,回国祭祀问祖、寻觅乡情亲情也是宗亲社团的一个重要功能。例如中华民族绵延至今的祭拜中华始祖神农炎帝和轩辕黄帝的传统,每年都吸引了成千上万的海外中华儿女回国寻根拜祖。2006年农历九月初九,由中华炎黄文化研究会、中华全国工商业联合会、世界华人协会、世界华侨华人总会、炎帝陵基金会、株洲市人民政府在湖南省炎陵县炎帝陵联合主办的"丙戌年重阳世界华侨华人炎帝陵祭祖大典",世界华人协会会长程万琦担任主祭,世界60多个国家和地区的上千名华侨华人和港澳台同胞参加了祭典;2017年农历三月初三,丁酉年黄帝故里拜祖大典在郑州新郑市举行,来自世界五大洲40多个国家和地区的华侨华人、商会、基金会、宗亲会、同乡会、客家联合会、"一带一路"沿线国家华人社团负责人等约8000人参加了拜祖大典。各地举行祭祖活动期间举行的文化交流和系列经贸活动,既传承和弘扬了中华传统文化,增强了海外华侨华人特别是华裔青少年对中华民族的认同感和归属感,也推动了当地对外开放和经济社会的发展。仅世界永春籍宗乡会馆目前就有80多个与家乡联系密切、来往频繁,每年回乡寻根谒祖、旅游观光、洽谈经贸的海外"三胞"约有50个团组近2万人次。这些宗乡社团在海内外举行的寻根溯源、敦亲睦族、弘扬中华传统文化的活动,推动了华侨华人在更大范围的沟通和联系,加强了彼此的交流合作，同时也密切了与祖籍地的亲情，极大地促进了中华文化在世界范围的广泛交往和交流。

二、华侨华人社团在中华文化海外传承和传播中的机遇和挑战

（一）机遇

1. 社团数量迅速增加，新华侨华人社团成为传承和传播中华文化的重要力量

有研究统计显示，1950年海外华侨华人社团只有4847个，1991年则已达到9093个，到2016年已达25000多个。海外华侨华人社团数量增长之快，内在因素是中国人骨子里的"根文化"意识。"树高千尺，落叶归根"的思想深植于每一个中国人的内心，中华文化就是海外游子共同的"根"，社团的组建和活动处处带有中华文化的印迹，所以华侨华人身居海外，只有在社团才能找到文化认同，才能找到心理慰藉。外在因素是全球经济一体化的发展使各个国家在市场竞争中形成了既相互竞争又相互合作的关系，人才流动的全球化使中国出现了大规模的移民现象。20世纪70年代末以来，来自中国的新移民及其子女的数量至少在1300万人以上。[1]这种"根"的文化内蕴和世界大移民的客观现实，加上世界全球化使许多国家意识到移民不再是零和博弈，移民输入国和输出国都能受益，所以将侨民视为本国宝贵的财富，移民政策也开始变得灵活多样，[2]海外华侨华人社团伴随着华侨华人数量的增加蓬勃发展起来，特别是新华侨华人社团的异军突起，成为中华文化在海外传承传播的重要力量。

这里所说的新华侨华人社团是指改革开放后出国的华侨华人在海外组

---

[1] 贾益民、张禹东、庄国土：《华侨华人研究报告（2020）》，社会科学文献出版社2020年版，第15页。
[2] 王辉耀、苗绿：《国际人才蓝皮书：海外华侨华人专业人士报告（2014）》，社会科学文献出版社2014年版。

建的社团。与传统的依托血缘和地缘组建起来的会馆、同乡会不同,新华侨华人社团中的留学生、商务移民、有一技之长的专业技术人员,他们的知识文化和技术水平更高更精,思想更为活跃而开放,发展意识和国际流动性更强,他们拥有较高的经济科技成就,融入当地社会的程度更深,参政议政的意识更强。他们既熟悉中国文化,又受到移居国文化的熏陶,更能用国外民众熟悉、习惯、认可的方式宣传中国文化。与老社团相比,新华侨华人社团视野更开阔,规模、影响力更大,加上拥有雄厚的组织和活动经费,在提升国家形象和传承传播中华文化方面有着独特的优势。例如2000年7月成立的泰国华人青年商会,就是一个将新华侨、新移民聚沙成塔的开放、包容、高效的青年华商社团;2004年成立的加拿大青年联合总会,主要为加拿大华人青年加强交流、发展友谊、促进团结提供服务,积极开展中加两国在经贸和文化诸多领域的交流与合作。2004年成立的澳大利亚中华民族文化促进会一直着眼于振兴中华,把中国高水平的文化精品、文艺节目及文化名人向世界弘扬。2004年12月,该促进会在悉尼音乐厅举办著名华裔歌唱家丁毅独唱音乐会,音乐会上丁毅演唱的《北京颂歌》《怀念战友》《那就是我》等中国歌曲,在中西文化的交融碰撞中更好地展示了中国声乐,以独特的方式推动了中华文化在海外的传承传播。

2. 社团类型更为丰富,综合性、专业性社团大量增加

传统的华侨华人社团主要是在血缘、地缘的基础上建立起来的,伴随着高学历、高技术的精英移民潮发展起来的新华侨华人社团,不仅数量庞大,而且类型更丰富,有以宣扬汉文化为主的英国汉文化协会,有研究汉服的加拿大福乐汉服社,有汇聚日中两国汽车专业技术人才的日中汽车交流协会,有以球会友的中美高尔夫球协会,有研究弘扬妈祖文化的马来西亚天后宫总会,有推广中国花艺的在日华人花艺协会,有促进在非翻译人员翻译水平的非洲华人翻译协会,等等。其中综合性、专业性社团大量增加,在传承传播中华文化中更能集中力量,整合资源,扬长避短。

综观近几年成立的海外华侨华人社团,有很多在国家或地区范围内以全体华人为对象的"华人联合会""华侨华人会"等社团,这些社团多由几个社团共同发起,跨越了"五缘"的范围,只要是尊重和热爱中华文化,有共同文化取向的人均可加入社团,这在一定程度上扩大了会员的范围数量,同时,开放性的社团宗旨也吸引了很多当地民众加入。如日本新华侨华人会,由日本中华总商会、日本华人教授会、中国留日同学会、旅日中国科技工作者联盟等8个华侨华人团体共同发起。2006年7月成立的厄瓜多尔华侨华人联合会,极大地推动了中华文化的弘扬。2006年8月在美国旧金山成立的北加州中南半岛华人联谊会,联合了在加州首府沙加缅度、旧金山、圣何塞、奥克兰及其他中小城镇范围内的越南、高棉(柬埔寨)、寮国(老挝)三国的华人,是一个纯文娱、兴福利、搞康乐、促联谊的非营利性团体。在贝宁经济首都科托努成立的贝宁华侨华人会,在推动贝宁与中国的经贸合作,促进两国间的经济、社会与文化交流和中贝两国人民友好合作关系方面作出了重大贡献。

除此之外,一些专业文化社团也大量发展起来,成为传承和传播中华文化最直接的组织和机构。如1996年在欧洲粤剧研究会的基础上成立的跨国粤剧艺术团体——欧洲粤剧研究会联合总会,将粤剧艺术在欧洲进一步发扬光大。2002年5月在纽约成立的美国福建武术协会,其成立的目的就是弘扬中华文化,光大武术精神,促进中美交流,振兴华埠经济。同年9月在悉尼成立的悉尼中华楹联文学研究会,将中国的楹联文化传播到了海外。2003年2月在纽约曼哈顿中华公所成立的纽约诗词学会,目的就是在纽约地区研究和推广中国古典诗词。2004年7月在东京池袋成立的国际客家文化协会,由在日客家出身的华侨华人联合倡议发起,旨在"对神秘且保留完整的客家文化进行全面深入的研究,并广泛介绍到全球,以求与其他优秀文化进行积极的交流,并希望由此产生的人文主义关怀能更好地维护与促进世界民族间的了解与和睦共处"。2006年12月在蒙特利公园市为弘扬中华神奇文化和民间奇艺绝技而设立的美国国际中华奇才奇艺文化交流研究会(简称国际华奇会),汇集了在美多位琴、棋、书、画、乐、武术等华裔奇才。2006年12月在墨尔本成立的澳洲中华文物研究促进会，目的是弘扬中华文化，推动各界对中华文物的收集和保护。这些蓬勃兴起的综合性、专业性社团传承和传播中华文化的方式和途径更加直观快捷，因而成为中华文化在海外传承和传播的重要力量。

3. 社团联合的趋势越来越明显，世界性的社团组织数量增多

当今世界是一个"全球化"的时代，政治、经济、文化、科技等各方面在世界范围内的合作与交流不断加深，任何个人和组织都不可能在孤立和封闭的状态下获得发展，海外华侨华人社团也如此。习近平总书记曾在第七届世界华侨华人社团联谊大会上强调："实现中华民族伟大复兴是海内外中华儿女共同的梦""共同的梦让我们同心同德""只要海内外中华儿女紧密团结起来，有力出力，有智出智，团结一心奋斗，就一定能够汇聚起实现梦想的强大力量"。

要在海外传承和传播中华文化，传播好中国声音，讲好中国故事，仅靠社团自娱自乐、单打独斗是行不通的，必须依靠社团联合。例如，1984年粤籍华侨华人社团联合马来西亚其他华侨华人社团一起举办"华团文化节"。起初，"华团文化节"只是华侨华人社团之间的沟通和文化交流，但在1993年第十届华侨华人社团文化节上，马来西亚首相马哈迪尔和吉打州最高行政长官州务大臣奥斯曼阿洛的出席和当地马来族、印度族等其他族籍的积极参与，使文化节提升为国家级的重要活动，成为各民族共享的文化盛宴，"华团文化节"也从此改名为"全国华人文化节"。[①] 再如，每年世界各地华侨华人举办的春节庆祝活动，都有各地侨团的联合推动。2019年春节期间，日本多个侨团共同举办了东京塔点亮"中国红"活动，当天一些侨团还现场表演了中国传统的舞狮、书法等，为东京增添了浓郁的中国年味；法国华侨华人会主办巴黎三区彩妆游行，有30多家旅法华侨华人社团参加；美国纽约曼哈顿华埠自发组织的新春花车大游行，许多华人社团

---

① 赵娜娜：《二战后新马粤籍华侨华人社团文教功能的发展和变迁》，《八桂侨刊》2018年第2期，第40页。

都参与巡游；2020年春节，东京华侨总会、日本中华总商会联合举办"全日本华侨华人社团联合新春会"，约800名日中各界友好人士共同欢庆新春佳节。由此可见，社团联合通过互联、互通、互助、互补、互惠等方式，整合、开发、利用单个侨团的优势资源和人脉，不仅促进了社团之间的沟通和交流，凝聚起了中华文化传承和传播的强大力量，也扩大了中华文化在当地民众乃至当地政府中的影响力。

在"全球化"的背景下，世界各地的华侨华人开始走向新的联合，实现信息互通，资源共享，优势互补，共同发展，很多跨国甚至跨地域联合的华侨华人社团大量涌现，比如欧洲华侨华人社团联合会、全欧华人专业协会联合会、美国华人社团联合会、全球华人联合总商会、匈牙利华侨华人社团联合总会等。世界华人联合总会是全世界华人、华侨、华商、华裔大联合、大团结的国际性社团组织，是以分布在180多个国家的世界各地华人大联合大团结为目的而成立的非营利性的国际组织，既尊崇古老的东方文明，也尊重先进的西方文化，博采百家之所长，汇集文明之大成，发展中华民族的宏基伟业，实现中华民族的繁荣富强。这种跨地域、跨国家的联系与合作，促进了社团之间优势互补、共同发展，成为中华文化传承传播的强大推动力。

4. 社团领导者年轻化、知识化，更具领导能力

拿破仑说：一头狮子带领的绵羊群一定能战胜一只绵羊带领的狮群。可见一个好的团队一定要有一个好的领导者。海外华侨华人社团传承和传播中华文化的态度和作为，除了作为社团领导人要具有的人格魅力、思想水准、事业财富、人脉关系和奉献精神，还要看其对中华文化的理解和认识程度，看其能否通过自身传达的文化力量，让当地人感受到中国人的文化传统和思维方式。

伴随着新华侨华人社团的增加，侨团领袖也呈现出年轻化、知识化的特点。他们大多从事技术性、研究性和管理性工作，除拥有较高的知识学历、职业修养外，他们还具有较强的国际素养和跨文化沟通领导能力。在

2017年11月清华大学与国侨办合作举办的第53、第54、第55、第56期侨领研习班中，70多个国家和地区的170余名海外中青年侨领，从年龄分布看，'70后''80后'占80%以上，绝大多数为各国（地区）主要侨团青年骨干或新兴侨团负责人，堪称侨界青年才俊；从教育背景看，知识层次水平高，半数有海外教育经历，本科及研究生学历占绝大多数；从职业分布看，多数在金融、法律、会计、医学、国际贸易、计算机、广告传媒、房地产、建筑、餐饮等相关企业担任中高级职务，有一定的经济实力和社会影响力；从态度立场看，学员爱国爱乡、对华友好、热心社会公益事业，与国内往来密切，对促进中外交流合作，参与'一带一路'建设兴趣深厚。许多社团也意识到侨团领袖年轻化的重要性，在社团内成立青年小组，鼓励和支持青年成立社团组织，担当侨团发展的重任。2019年缅甸仰光侨界为庆祝中华人民共和国成立70周年举办的"我和中国"图片展、侨团合唱比赛，就是由仰光云南会馆、中华总商会、福建同乡总会、广东工商总会四个社团的青年组共同承办。德国有近百个华人华裔青年社团；在加拿大，由华裔青年王钦组建的"SDC蓝丝带国际基金会"规模也比较大。

（二）挑战

1. 社团类型复杂，难以形成文化合力

华侨华人社团属于自愿组织，由于境内外对社会组织登记管理制度各不相同，近年来在海外注册的华侨华人社团数量大大增加，社团数量庞大必然带来各自为政、力量分散的问题。这些社团规模不等，类型复杂，良莠不齐，有些社团人数多的百八十人，少的就三五个人，只有会长、副会长，却冠着"世界""欧洲""总会"等名称，三四块牌子一套班子的现象非常常见。有些性质相似、服务对象相同的社团之间缺乏有效的合作和良性的竞争，阻碍了中华文化在海外的传承传播。

一些由华裔新生代和新移民组成的新华侨华人社团，社团成员与老一

代侨胞相比，他们对祖（籍）国的情感和中华文化的观念比较淡漠。华裔新生代出生成长于海外，从小接受海外教育，对祖（籍）国的语言文化缺乏了解，成了所谓的"香蕉人"；一部分新移民虽然自身文化素养较高，拥有丰富的学识和技能，但同时他们也要为生活和融入当地主流社会而努力，对社团事务和中华文化传播兴趣不大，缺乏传承和传播中华文化的主动性和使命感。

由于种种等因素影响，很多华侨华人社团传播中华文化的内容和方式有很大差异，难以形成文化合力。例如在开展华文教育方面，华文学校多由不同的机构和社团创办，菲律宾、缅甸的一些社团开办的华文学校，教授的是目前在我国台湾地区通用的注音符号，书写的是繁体字，基本无法到大陆留学，只能先到台湾学习或定居然后再向欧美国家移民。现在，很多华侨华人社团和侨领已经意识到加强侨团团结，共建和谐侨社的重要性，许多老侨团通过改革走向联合，规模和活动范围也大大扩大，社团之间的交流和合作也大大增加，传承和传播中华文化的力量得到了很大的提高。

2. 部分社团内部管理混乱，社团活动能力弱化

一个充满生机和活力的华侨华人社团，必然是一个管理科学、团结和谐的社团。透明的财务管理，有爱心有公心的社团领导人，重大事项的科学决策，公正民主的选举缺一不可。中国人历来注重自己的地位和名声，个别华侨华人缺乏真心实意为华侨华人服务的意识，没有传承和传播中华文化的概念，只是想在事业有成之后通过成立社团，担任社团负责人达到出人头地、光宗耀祖的目的；有的社团负责人在多个社团担任职务，只是因为在自己名片上的各种"主席""会长""理事长""顾问"等头衔"很有面子"；有的社团负责人认为在社团任职能与国内各级官员有更多的联系，更方便自己事业的开展。这种部分人为名声和个人利益而建的社团，必然出现管理松散、缺乏活力的问题。

有些山寨社团自成立之时起就缺乏完善的章程，缺乏资金，没有固定的活动场所。社团负责人到处打着乡情的旗号，创造各种机会结识相关人

脉，在欧洲的新移民社团中，只有大约一半在开展活动，很多社团有名无实。有些社团虽然运行多年，但财务管理混乱，资金使用随意，重大事项决策一人说了算，缺乏集体决策和监督管理机制，导致社团人心涣散，社团失去凝聚力，成为一盘散沙。有些社团没有民主选举机制，换届选举时明争暗斗，争权夺利的现象很严重，最后形成只要出钱就能担任职务。社团内部正副职数量众多，但真正管事的很少。在这样的情况下，社团本身活动能力就很弱，更谈不上主动宣传中华文化，因而如何推选出真正为侨服务的优秀侨领，推动侨社整体和谐，进而提升华侨华人社团传播中华文化的能力，变得尤其重要。

3. 部分血缘性、地缘性老侨团结构老化，组织活动缺乏现代性，无法激起华裔新生代的文化认同

从近年来关于华侨华人社团的新闻和报道可以看出，众多海外华侨华人社团都积极通过各种形式参与中国社会各方面事务，特别是慈善基金会、专业协会、经贸交流会等新华侨华人社团、专业性社团积极组织开展各种经贸文化活动，如组织回国回乡考察投资，进行慈善捐赠，显得非常活跃。而传统的血缘性、地缘性社团却大多默默无闻。

目前，社团领导人年龄偏大，社团管理能力不足，组织的活动缺乏现代性，是大部分国家和地区老社团面临的主要问题。在海外我们经常可以看到，一些同乡会、宗亲会会馆陈旧，有的大门紧锁，开着门的里面通常是坐着几个戴着老花镜、喝着茶看着报的老年人。不可否认，老华侨华人社团领导人本身就是中华文化的传承者，同时拥有雄厚的资金和大量的时间，在帮助新移民融入当地社会、传承中华文化方面发挥了不可磨灭的作用。但我们也要看到，随着社会经济的发展，华侨华人社会生活已经发生了很大变化，年轻的华侨华人特别是华裔新生代的精神文化需求更加丰富多元，"同乡""宗亲"的文化意蕴与他们从小生长生活的社会文化背景相差甚远，无法激起他们的认同感。加上这些老社团内部管理体系较为僵化，组织的活动单一甚至没有活动，喝茶、聚餐、开联欢会等联谊活动无法激起年轻人的兴趣，同乡会、宗亲会面临着青黄不接、后继无人的困境，成为名副其实的"老年活动中心"，极大地限制了中华文化在华裔新生代中的传播。

4. 部分社团商业性倾向明显，不重视文化的交流传播

从世界范围来看，近几年来华侨华人社团商业性倾向比较明显，主要表现在商业性社团在数量和规模上大大增加。究其原因，一是近年来中国经济的飞速发展，使许多拥有资金的中国商人希望到海外寻找更大的发展空间；二是近年来各国为吸引国外资金，放宽投资移民政策，扩展投资移民渠道，商业投资移民人数大大增加；三是国内侨务、统战部门及工商联等各级组织为更好地联系本籍华商，推动两地经贸发展和招商引资，大力推动成立华商会。

这些商业性社团成立的根本宗旨在于从事经贸活动，而对中华文化的传承和传播难免弱化。以2006年成立的美中国际商会为例，其宗旨在"促进美中双边商贸和谐发展、架设两国企业界高层桥梁"，组织的活动包括国际化投资和贸易论坛、会议、商务及会员间的信息沟通，中华文化的传承和传播活动比较少。由于华侨华人社团属于公益性组织，没有固定的资金来源，部分新移民社团在当地社会根基不稳，经济实力不强，影响力不大，没有物质基础的支撑，社团活动无法开展，只能依靠"以商养会"的模式生存。其中虽不乏商业性的华文学校和中华文化机构，但自觉传承和传播中华文化的意识相对比较淡薄。

5. 社团文化服务跟不上侨胞需要，缺乏长效机制

随着中国的发展进步和海外华侨华人社团的日益壮大，华侨华人对中华文化的需求不仅格外迫切，而且呈现出多层次、多样性的特点。但是现在很多社团的文化服务活动还比较单一随性，缺乏宣传中华文化的主动意识。有的社团负责人长期在国内经营自己的生意，无暇顾及社团的文化服务；有的社团仅在重大节日时才组织文化活动，没有传播中华文化的长效机制；有的社团文化活动仅停留在单纯的国内艺术团体的迎来送往上，没有创新机制；有的社团组织的文化活动比较传统，无法吸引年轻一代；有的社团开办了华文学校，但仅局限于开展语言教学，中国书法、绘画、舞蹈、剪纸等承载中华文化的传统艺术形式极少能进入华文学校的课堂。当然，对于生长在海外的侨二代、侨三代来说，其思想和意识还是以当地主流文化为主，虽然他们也参加过华文学校的学习，但学到的只是汉语，对中华文化内涵和精神的把握还比较欠缺。因而社团开展文化活动时应结合他们的实际需要，结合当地民众的思维方式、审美习惯、欣赏水平，及时改善和调整中华文化传播的内容和形式，进一步优化文化服务内容，提高文化服务质量，扩展文化服务途径，以更丰富、更切合实际的文化服务，满足广大华侨华人的文化需要，建立起中华文化传承传播的长效机制。

三、发挥华侨华人社团优势，促进中华文化交流传播的建议

中华文化的精粹包含很多内容，哲学、医学、文学、艺术、佛学等，它们通过"天人合一"的整体论而统一，是一个和谐的、有机的、统一的、整体的宇宙哲学观。在海外传承和传播中华文化是一项紧迫而长期的工程，华侨华人社团是中华文化传播的核心和中坚力量。在当前世界大移民的背景下，海外华侨华人社团林立的状态是大势所趋，各个社团各具特点、各尽所能，在中华文化的传承和传播中发挥着重要作用。全面调研了解海外华侨华人社团情况，对海外华侨华人的数量、类型、分布、会员特征、活动情况等进行全面梳理，可以充分认识各类社团在中华文化传播方面的优势和潜力，使华侨华人社团在传承和传播的过程中完整、准确地再现中华文化的内涵和气质。

华侨华人社团领袖是海外华侨华人社团建设的关键，是引领华侨华人社团走向发展、走向未来的重要力量。加强华侨华人社团骨干的培训，培养一批有远见卓识，有胸怀，有能力，讲大局，讲奉献，整体素质高，综

合能力强的华侨华人社团领导人，充分发挥他们融汇中西的优势，做好弘扬和传播中华优秀文化的"宣传员"，才能在住在国开展广泛的文化交流活动，才能与住在国主流社会和各族群对话，促进中华文化的传承和传播。

对于长期生活在海外的华侨华人来说，融入主流社会是生活的必然要求。要推动中华文化在海外的广泛传播，使中华文化融入当地主流，前提是要获得当地政府和民众的尊重和支持。积极引导海外华侨华人社团融入当地社会生活，争取当地政府和社会的大力支持，才能为中华文化传播的可持续发展奠定基础。同时，我们也要深刻挖掘中华文化的内涵，拓展文化宣传的内容，通过更多大家喜闻乐见、愿意接受的方式，把更多"服水土"的内容在润物无声中传播出去，才能把中华文化的精髓展现出来，这样的中华文化才会更有持久性，更具生命力。

团结合作、互帮互助是中华民族的传统美德，也是一代代海外侨胞在艰难的环境中安身立命之本。鼓励和引导华侨华人社团之间的交流合作，有利于促进侨社和谐，实现资源共享，互利共赢，也有利于涵养文化资源，形成文化传承传播合力，准确宣传中国，树立中国良好形象，这不仅是时代发展的要求，更是中国未来发展的要求。

第四章
华文媒体与中华文化的海外传承和传播

华文媒体作为中华文化在海外传承与传播的重要载体，对于居住国的政府而言，它是与华裔族群沟通与交流的最重要渠道；对于海外华人而言，它既是信息来源和精神寄托，又是维护自身合法权益，表达自我，展现自我，实现与社会沟通与交流的平台；对于中国而言，它与中国有着密不可分的联系，是最关注中国的海外大众传播媒介，是中国与海外华人建立联系与交流的最重要渠道。因此华文媒体的发展直接关系到中华文化在海外传播所产生的效果，更关系到中华文化在海外华人间的传承与发展，通过对华文媒体与中华文化在海外传承和传播的梳理，有助于探讨当代语境下华文媒体的发展方向，并提出有建设性并符合当下媒体及国际关系发展趋势的对策和建议。

一、华文媒体促进中华文化海外传承传播的历史和现状

华文媒体的出现，因华人居住国的需要而诞生，因海外华人的精神需求和信息需求而发展，它服从于当地法律法规和主导文化，同时又满足海外华人的怀旧思乡情绪，服务于海外华人政治、社会、经济、文化生活和精神生活的需要，为海外华人提供中国和居住国的各种信息。

作为中华文化在海外传播的前沿载体，众多华文媒体发挥着至关重要的作用。华文媒体经过了二百余年的发展历程，如今已经成为全球文化传播媒介中一道不可或缺的国际媒体景观，华文媒体以其庞大的数量、多样化的种类、涵盖国家多的发行地区在全球移民媒体中居于首位。对其曲折发展历程的梳理有助于理解华文媒体发展至今天局面的来之不易，而华文媒体在海外的发展历程，不仅体现了我国综合国力及国际地位不断提升的客观现实，更折射了几代海外华人所代表的中华民族自强不息的奋斗精神和他们炽热的爱国之心。

（一）华文媒体的发展历程

华文媒体作为全球媒体的重要组成部分，其发展历程本身也是全球媒体发展的缩影之一，早期的媒体介质以纸媒报刊为主，因此2000年以前的华文媒体多以"中文报刊"作为称谓，1968年成立的"世界中文报业协会"便是折射当时媒体特征的世界华文媒体行业组织。自21世纪网络等新兴媒体崛起后，"华文媒体"一词开始正式通用至今。在整个华文媒体发展的过程中，共有约5000个种类[①]的报纸、杂志等媒体产物出现，这在全球范围的移民群体中都可以说是一种壮观的文化现象。

华文媒体开端于1815年的马六甲，是一份名为《察世俗每月统记传》的中文线装书刊物，该刊物每月一期。1812年8月，米怜受英国伦敦布道

---

① 章新新：《海外华文媒体200年——薪火传承与时代担当》，第八届世界华文传媒论坛发言，2015年8月22日。

会派遣前往中国协助马礼逊开展传教工作，是英国伦敦布道会继马礼逊之后派往中国的第二位传教士。米怜抵达澳门后，因澳门属天主教势力范围，不允许新教传教士传教，澳葡当局限期米怜离开。1813年7月20日，米怜离开澳门，偷抵广州，因属非法居留中国，无法展开传教活动，于次年初辗转至南洋。同年9月间米怜曾一度返回广州，试图在广州或澳门建立传教据点。但是两地的传教环境仍旧没有改变，传教工作毫无希望。米怜最终决定把传教重点放在比较支持新教传教事业的南洋，开始以马六甲为中心，向南洋华人传播基督教。按照先前与马礼逊共同商定出版一份中文刊物以便传教的计划，米怜创办了《察世俗每月统记传》。虽然创办人为西方传教士，但主要负责印刷与发行的则是中国人梁发，该刊每期印数为500—2000册。《察世俗每月统记传》虽然在马六甲出版，但它的宣传对象是中国人。具有很强读者观念的米怜采用了一个重要的宣传策略，这就是尽量运用中国的传统形式，尽量迎合中国人的思想习惯来宣传自己的观点。著名新闻史学家戈公振在《中国报学史》一书中指出，《察世俗每月统记传》为"华文报纸第一种""为我国有现代报纸之始"。[1]

  1850年后，随着大量华侨下南洋以及被非法运至美国的华人苦力的增加，海外华人聚居群体逐渐形成，对于华文新闻和祖国发展动态的需求也显得较为迫切。1854年的《金山日新录》以周报形式创办于美国旧金山，是第一份有近代化意义的华文报纸。1856年的《沙架免度新录》以日报的形式创办于美国萨克拉门托，是世界上第一份有近代化意义的华文日报。1858年的《中外新报》是香港历史上第一份中文日报，其前身为《香港船头货价纸》，由香港孖剌报馆主办和印行。初由黄胜、伍廷芳等编辑，属商业性报纸，4开4版，新闻约占1版，有"本港新闻""中外新闻""羊城新闻""选录京报"等栏，曾设"选录上海新报"栏，1919年停刊。而创办于南洋的《叻报》则诞生于1881年的新加坡，这是南洋第一份由华人创办的报纸。《叻报》的创办人为薛有礼，别名崇仪，祖籍厦门。他的父亲薛荣

---

[1] 戈公振：《中国报学史》，湖南大学出版社2014年版，第58页。

樾、祖父薛佛记都是当年海峡殖民地的杰出侨领。薛有礼幼年受英文教育，在创办《叻报》前，有一个时期在汇丰银行当买办。后来竟辞去这份酬劳丰厚的职位，办起华文报来。薛有礼创办《叻报》，是出于爱国精神。因为薛家在他父亲这一世代，与祖国接触颇为频繁。薛有礼的父亲及弟弟薛有文都曾在厦门经商，而他最小的弟弟薛有福则在清朝海军中服务，1884年死于中法之战。这种与祖国接触的家庭背景，引起了薛有礼本身的爱国之情。就新闻学而言，《叻报》是第一份具有新闻性质的华文日报。至此，华文媒体正式形成规模，在南洋与北美形成了两大华侨聚居区与华文媒体圈。此后华文媒体的发展与中国近现代史的走向息息相关，在改革开放前的华文媒体主要经历了辛亥革命、抗日战争、日本投降后、新中国成立四个主要的发展时期。

1. 辛亥革命时期

辛亥革命是近代中国比较完全意义上的民族民主革命。它在政治上、思想上给中国人民带来了不可低估的解放作用。辛亥革命开创了完全意义上的近代民族民主革命，推翻了统治中国几千年的君主专制制度，建立起共和政体，结束君主专制制度。传播了民主共和理念，极大推动了中华民族思想解放，以巨大的震撼力和影响力推动了中国社会变革。在这一时期，海外华侨华人对于辛亥革命的成功发挥了巨大的作用，当时革命团体在海外华侨的资助下创办了近百份华文报刊，而这些报刊大部分创办于海外，对于启发民智、宣传革命、唤醒民族意识等方面都起到了重要的作用。值得一提的是，1910年，革命先驱孙中山在马来西亚槟榔屿召开秘密会议，商量对抗清朝的事情。参加会议的有同盟会的重要成员黄兴、赵声、胡汉民等。槟榔屿会议后，孙中山命黄兴等人在南洋筹款和在香港设立统筹部。为了募款与号召海外华人加入抗清队伍，孙中山在槟城亲自办了马来西亚的一份中文报纸《光华日报》，孙中山的革命生涯中创办了众多报刊，而创刊于1910年的《光华日报》则是目前唯一还存在的一份有影响的报纸。

2. 抗战时期

中国以及东南亚在抗战时期都遭受到了日本军国主义的侵略和破坏，华侨作为漂泊海外的炎黄子孙，始终十分关注祖国的历史命运。从1931年九一八事变到1937年七七事变，特别是日本发动全面侵华战争后，海外华侨掀起了抗日救国运动，怒涛汹涌，一浪高过一浪，惊心动魄。华侨抗日救国运动是中国抗日战争的重要组成部分。全世界华侨都对中国抗日战争作出了不可磨灭的贡献。抗日战争的爆发激发了海外华人同仇敌忾的抗战决心，特别是东南亚的华侨在这一时期创办了一系列抗日主题的报纸，著名革命烈士郁达夫就是因为担任新加坡《星岛日报》主笔期间发表了百余篇抗日主张的文章，宣传抗战必胜而最终惨遭日军杀害。而创办于纽约的《先锋报》和创办于巴黎《救国时报》也为抗战的宣传与胜利作出了巨大的贡献。《救国时报》不仅连续报道了东北抗日联军的情况，还发表了不少与之相关的重要文章，如在1936年4月20日，登出的《学习东北抗日联军的教训》中说："现在的东北抗日部队，虽然多零星散乱的颇带自发之现象，可是总的趋势则趋向一致团结、统一指挥的抗日联军的组织。据我们所知道的，在东北已成立了6支抗日联军，就是在杨靖宇率领之下的第一抗日联军，在王德泰率领之下的第二抗日联军，在赵尚志率领之下的第三抗日联军，在李延录率领之下的第四抗日联军，在周保中率领之下的第五抗日联军，及在谢文东率领之下的第六抗日联军。这6支抗日联军，都由许多部队结合而成，都是与日满军队作过无数次残酷战斗而成立起来的。"[①]这些报道的出现极大地鼓舞了我国的抗日士气，为抗日战争的胜利作出了重要贡献。

3. 日本投降后

日本的战败使得华文媒体特别是东南亚地区的华文媒体如雨后春笋般复苏，许多因日本阻挠而停刊的报纸也得以恢复，在此时期，有将近200余种华文报刊在东南亚得以复办或新办。

[①] 虎啸：《学习东北抗日联军的教训》，《救国时报》1936年第25期。

4. 新中国成立

在此期间，我国海外移民大量减少，海外华人也同祖国一道进入了一心一意谋发展的阶段，这一时期的华文媒体处于趋于稳定和缓慢发展阶段。

（二）华文媒体的现状与对所在国的影响

改革开放后，特别是新时代以来，我国国际影响力的不断提升和网络带给全球媒体全新的变革，都为华文媒体的发展带来了强大动力和全新的历史机遇。根据中国社会科学院发布的统计，目前有分布在全球近60余个国家和地区的华人媒体1000多家，其中杂志221家、报纸390家、电视台77家、广播81家、网站250家，拥有华文媒体数量在20家以上的国家有澳大利亚、加拿大、马来西亚、日本、美国。[①] 当代华文媒体最为明显的发展趋势就是传播媒介的网络化，全球最主要的华文报纸、电视台超过50%都有专门的网站，而在移动端社交媒体方面几乎90%的华文媒体都有注册的账号用以发布信息。就分布地区而言，东南亚与北美均属华文媒体最为重要的传播地区，作为华文媒体发源地的东南亚至今拥有数家百年历史的华文报刊，而且该地区华文媒体的市场化程度极高，拥有深厚的积淀。北美地区的美国是华文媒体数量最多的国家。自20世纪90年代起，欧洲与东亚的华文媒体蓬勃发展，成为华文媒体发展的新兴市场，非洲与拉美地区的华文媒体相对数量较少，但也有着广阔的发展前景。

华文媒体对于所在国的影响主要针对两个层面的受众，一个是对于华人移民与华侨的影响，另一个是对于所在国本土居民与政府的影响。对于所在国华人移民与华侨而言，首先是获得所在国的各类信息，以方便移民群体在最短时间内融入当地社会，因为华人移民群体英语水平存在一定程度差异，通过当地华文媒体可以了解所在国的各类时事、体育、社会等新闻，以帮助他们了解该国的方方面面，同时，华文媒体还提供了房屋租售、工作需求、法律援助、银行信贷等实用信息，这为他们实际的生活提供了

---

① 贾益民、张禹东、庄国土：《华侨华人研究报告》，社会科学文献出版社2011年5月第1版，第47页。

便利条件。其次，华文媒体还能为华侨移民提供来自祖国的新闻报道，尤其是 2020 年的疫情防控期间，各级侨务部门利用华文媒体宣传传播国内国民及华侨华人参与抗击疫情的情况；一些地方侨务部门也通过新媒体如微信、侨联公众号、网络直播间等，宣传脱贫攻坚，宣传大国形象，讲好中国故事。加强华文新媒体在华裔新生代中传播中华文化，提升中华文化软实力，使得他们即使身处异国也能随时掌握来自祖国的最新动态，这既可以慰藉他们的思乡之情，也能在一定程度上缓解他们身处陌生环境带来的压力。再次，华文媒体的存在还能为华侨移民的后代提供一个汉语的使用环境，通过阅读中文报纸，观看中文电视台，收听汉语广播都能让海外出生的华裔创造一个良好的汉语语言环境，这对于中华文化在海外的延续有着很大的促进作用。

华文媒体对于所在国本土居民与政府的影响主要有三个方面。一是加强他们对于我国政府与我国文化的正面认识。由于因为意识形态及历史原因，导致了某些国家及其民众对于我国存在一定程度的偏见，海外华文媒体的报道可以使他们更为深入地了解我国国情、我国的文化，以及新中国成立特别是改革开放以来我国取得的一系列成绩，这有助于建立国际间和谐客观的舆论环境，更有助于加强国家与国家、民众与民众之间多层次、多维度的交流。二是作为海外移民媒体之首的华文媒体还通过自身受众及数量的优势，为华人群体发声，间接地提高了华人在当地的影响力，这也有助于华裔从政者进入政府担任职务，从而为华人群体和涉及我国的政策带来更多具有建设性的施政措施。三是华文媒体的存在本身使得所在国族群与媒体形态更为多元化，这种多元化的发展也使得全球化进程加速，进而使得国家间因文化、社会制度等造成的差异得以互补。

二、华文媒体在促进中华文化海外传承传播中的作用和独特优势

海外华文媒体不仅为华侨华人在当地立足、创业创造条件，便利了华人在异地的生活，进一步推动了华人个体和当地经济的发展，而且它将中华文化推向世界，让世界了解中国。海外华文媒体不仅已成为华人社会生活中不可缺少的精神食粮，而且在维护华侨华人切身利益、传承中华文化、传播中华文明、促进中国的改革开放以及推动所在国与中国的交流，以及促进两岸和平统一等方面都发挥着越来越重要的作用。[1]

值得一提的是，创办于中国香港的《明报》造就了一代武侠小说大师金庸。1959 年，金庸与中学同学共同出资创办《明报》，为了吸引更多的读者，金庸开始尝试在《明报》连载其武侠作品，此后金庸的武侠小说在《明报》上的连载逐渐拥有了大量的读者。许多人为了看金庸武侠，开始关注《明报》。慢慢地，金庸的武侠小说打稳了《明报》基础。可以说，正是因为《明报》的存在，将金庸培养成了一位享誉海内外的文化名人，也正是因为华文媒体所发挥的文化传播作用，让金庸成为中国武侠文化的重要符号。

（一）华文媒体是中外桥梁的构建者，增进中外文化交流

华文媒体不仅是沟通中外桥梁的构建者，同时也是我国与海外华侨之间的文化纽带。在经济全球化的浪潮之下，各个国家之间在经济、文化等诸多领域的沟通交流也在不断深入，而网络与信息化的蓬勃发展使得国与国的空间距离进一步缩小，国家间相互依存、共融发展的理念成为主流。就我国而言，中国梦的实现本身也与世界各国人民的福祉紧密相连，传播中国声音，讲好中国故事，弘扬中华优秀文化都是为世界的和谐与多元贡献中国力量。而华文媒体作为处于海外的中文媒介就拥有了诸多先天的优

---

[1] 刘泽彭：《海外华文传媒前景广阔》，中国新闻网，2001 年 9 月 8 日。

势，因此自然肩负起了连接海内外桥梁的责任。

中华文化在海外的传播主要分为三种形态呈现，一是物质文化形态的呈现，如服装、茶叶、丝绸、书画作品等；二是民俗文化形态的呈现，如春节、清明节、杂技等；三是海外华侨华人待人接物时反映出的中华传统文化价值观的呈现。[①]而作为传播中华文化重要媒介的华文媒体不仅通过各种宣传报道弘扬中华文化，而且举办了各种形式多样的活动，增强了所在国华人的民族认同和凝聚力，也使得我国与其他国家之间的互相理解得以加深，从而增进了友谊。

海外华文媒体，特别是华文报纸都设有专门的文艺副刊版面，通过介绍中文诗词、中国传统节日、中国风土人情等形式直观地介绍中国文化。以创刊于1966年的《印度尼西亚日报》为例，该报纸的副刊开辟了大量中华历史故事、中国古典小说、当代华文文学作品、中医、汉语学习及传统文化介绍等华文版块。《印度尼西亚日报》副刊上所发表的大多是诗歌、散文、小说，累计发表文学作品的作者有120人以上，除印尼华文作家外，还吸引了来自东南亚国家及中国港台地区的华文爱好者发表作品，并逐渐形成了个人独特的创作风格。[②]这些作品的发表，传播并传承了华文文化，为海外华文文学的蓬勃发展作出了卓越贡献。其中的汉语学习版块名为"乐趣汉语"，这一版块的设置是华文教育在《印度尼西亚日报》文化传承的重要表现，为中华文化在当地的传播和在华人中的继承起到了不可或缺的推动作用。

海外华文媒体通过组织展览、论坛、讲座、文化节、电影放映等活动，以及自身的宣传从而将中华文化的博大精深以物质文化形态呈现，如法国华文媒体《法国侨报》已经连续举办五届"中国美食周"，邀请法国政府官员、当地媒体和法国民众参加，这对于同样具有悠久美食文化历史的法国而言有着很大的吸引力，而华文媒体以中华美食为纽带无形中为中法民众

---

① 李其荣：《华侨华人在海外传播中华文化新探》，《广西民族大学学报》2013年3月第2期，第117页。
② 齐秋萍：《印尼华文报纸副刊历史与现状综论》，暨南大学硕士学位论文，2016年。

架设起了友谊的桥梁；而民俗文化形态的呈现则主要以华文媒体在春节期间围绕过年主题举办的一系列活动展开，如《欧洲时报》举办的春节主题手机摄影大赛，不仅记录下欧洲华侨华人共庆新春佳节的珍贵镜头，还能以照片的形式具象地展示了中华传统节庆文化和华侨华人喜庆的精神风貌；中华传统文化价值观的呈现则通过整个华文媒体所报道的内容和举办的活动而全方位地展示。除此之外，华文媒体还在积极探索加强与国内媒体和所在国媒体之间的联系，从而最大限度地发挥自身多元属性的优势，切实构建中外友谊的桥梁，增进中外文化交流。

（二）华文媒体团结维权，平衡主流，促进中外友好

决定海外华侨华人安居乐业的主要因素有三个：一是所在国的繁荣稳定，这决定了他们的生活质量；二是祖国的强大，这带给他们更多的话语权与影响力以及民族自豪感，也能更大程度地激发他们对于中华文化的认同；三是中国与其他国家外交关系的融洽，这有助于他安居乐业地生活并尽快融入当地环境。

尽管海外华侨华人身处异国他乡奋斗拼搏，取得了一系列的成就，但始终是作为外来少数族裔而存在，其话语权受到了很大的限制，每当他们的权益受到损害时，需要一个合理的途径表达诉求，华文媒体自然就担负起了这一维护华侨权益和民族尊严的责任。华文媒体的存在本身不仅仅局限于新闻发布这一功能，更有着为华侨华人群体发出声音、表达诉求的功能，在为华侨华人发声的背后实际是为中国而发声。

作为地处海外的华文媒体，在帮助海外华人维权、为华人发声代言上，具有多方面的优势。首先是地理优势，华文媒体处于所在国第一线，可以在第一时间做出反应，并能够以最短的时间了解新闻事件发生的来龙去脉，可以说华文媒体处于海外华人维权的第一线。其次是资源优势，华文媒体扎根海外，有着丰富的资源优势，这些资源优势都能转化为服务华侨华人，维护华侨华人利益的有力武器。再次是语言、文化优势，华文媒体从业者

大多具有"多元文化"背景，不仅懂得汉语和当地语言，还了解中国和所在国的文化。因此，海外华文媒体往往懂得用当地的方式去传递信息，为遭遇侵权的华人提供适用于当地的维权建议。在维权的同时促进华人内部的凝聚力，在合理合法提出诉求的同时，增进侨胞与所在国公民之间的了解，间接地促进中外友好。

（三）华文媒体树立在世界上的新形象，弘扬中华民族的文化精神

众多海外华侨华人在某种程度上是中华民族形象的直观展示，某种程度上而言，外国公民是正是通过华侨华人的形象展示来了解中国，作为华侨华人创办的华文媒体在树立中国新形象、弘扬中华民族的文化精神方面发挥着重要的作用。

一是客观介绍中国的发展现状和悠久的历史与文化，从而促进所在国公民对中国的了解，进而加深认识、避免误解。新形象的树立首先要求华侨华人提高自身形象，展示良好风貌；其次是华文媒体澄清已有的误解，将中国的高速发展与中华民族勤奋务实的精神介绍给更多的海外民众。双语华文媒体的出现其重要的作用就是客观介绍中国发展现状，将中国的历史、文化、风土人情、名胜古迹等全方位的呈现，以增进所在国对中国的了解。海外华文媒体中除了双语报刊外，还有双语广播及多文种网站，其中的外文部分着重介绍中国的历史与发展现状，这样一来，华文媒体的多元性得到了最大限度的发挥，且更易于被所在国民众接受，这些都为中华民族文化精神的弘扬，为新形象的树立起到了极大的推动作用。

二是通过华文媒体促进海外华人通过遵守当地法律，了解当地文化习俗，从而树立新的形象。海外华人的存在是外国人了解中国最为直接的窗口，他们不仅仅代表个体，更代表着整个中国在海外的形象，因此华文媒体在客观介绍中国发展的同时有责任和义务引导华侨华人入乡随俗，树立形象。面对外国媒体的恶意与曲解时，华文媒体积极为华侨华人维权发声，

但面对华侨华人自身可能出现的问题,华文媒体也会进行客观分析,理性引导,鼓励华侨华人以身作则,为祖国树立良好的形象。

三是与所在国主流媒体加强合作,提升话语权。华文媒体的影响力与话语权决定了其传播效果,而与所在国主流媒体的合作联系有助于开拓传播渠道,拓展影响力与说服力,从而为弘扬中华民族的文化精神及新形象的树立增加力度。欧洲的部分华文媒体就与当地主流媒体合作创办了专门介绍中国历史、文化、政治、经济、投资信息的中国专刊,由华文媒体提供图文内容,由所在国媒体负责发行,最终获得了极高的发行量,取得了很好的传播效果。

三、华文媒体在促进中华文化海外传承传播中的机遇和挑战

(一)拥抱"一带一路"新机遇

2013年,习近平主席提出"一带一路"伟大构想,旨在积极发展与沿线国家的经济合作伙伴关系,共同打造政治互信、经济融合、文化包容的利益共同体、命运共同体和责任共同体。"一带一路"倡议源自中国,更属于世界,它面向全球、陆海兼具、目的明确、路径清晰、多国参与、影响热烈。

特别值得一提的是,与"一带一路"相关的国家分布着4000多万华侨华人、千余家华文媒体,这一地区更是华文媒体受众分布最广泛的区域之一。对于拥有丰富当地媒体资源的华文媒体而言,"一带一路"倡议的实施无疑为他们带来了全新的机遇。

1. 华文媒体是"一带一路"建设实施的重要组成部分

华文媒体扎根海外,不仅了解所在国国情,更熟悉我国的实际情况,在沟通中外文化、促进民心相通方面有着得天独厚的优势,能够以所在国

民众乐于接受的语言方式阐释好"一带一路",从而推进所在国家参与"一带一路"建设的力度,从多元视角促进理解"一带一路"这一伟大倡议带给沿线国家的发展前景与机遇,因此华文媒体不仅是"一带一路"建设实施的重要组成部分,更是推动"一带一路"建设不可替代的重要力量。

2. "一带一路"建设将促进华文媒体的升级转型

在科学技术高速发展的今天,媒体行业同样面临着转型升级的挑战,对于华文媒体而言,在"一带一路"建设中应该以互利共赢为主要途径,发挥自身优势,积极寻求发展与转型,既可以与所在国媒体引进技术,与此同时还能与国内媒体展开一系列合作交流,从而完成升级转型。

3. "一带一路"建设为华文媒体的发展提供全新机遇

自改革开放以来,特别是新时代以来我国国家综合国力与影响力的不断扩大,在全球范围内形成了很大的中华文化热,这些都为华文媒体的发展提供了强大的支撑,而"一带一路"建设必将带动沿线国家与国际社会加深对中国的了解,华文媒体无疑成了让世界认识中国的重要媒介,在讲好"一带一路"与中国故事、推动中国与海外友好关系方面将大有可为,这些都是"一带一路"建设带给华文媒体的全新机遇。

(二)信息化时代华文媒体的文化传承与转型

华文媒体经历了二百余年的发展进入了全新的时代,在这一过程中有旧的华文媒体退出也有新生华文媒体创办,新生代的华文媒体面临着更多新生代的受众群体,特别是信息化时代网络的蓬勃发展,这使得华文媒体的发展面临更多新的机遇与挑战,如资金的缺乏、人才的培养、竞争的激烈、华人汉文水平参差不齐等一系列现实的问题都客观存在,但通过对华文媒体发展现状的调查和研究可以看到,总体而言,华文媒体的发展前景是光明的。这一切的决定因素就是祖国本土国家实力的影响,近年来我国综合国力不断提升,经济持续高速发展,国际地位与话语权也越来越高,这些都赋予了中华文化以强大的生命力。随着全球范围内掀起的汉语、汉文热，为华文媒体的发展开拓了更多的空间，作为中华文化载体的汉语决定了华文媒体受众数量的关键，只有汉语在海外得到了推广，中华文化才能得以传播延续。华文媒体本身就带有教育功能，因此可以通过开办华文学校、进行语言普及讲座、组织海外华裔青少年回国交流等方式开拓华文教育的新模式，通过对海外华侨华人语言文化的推广，让他们带动更多海外民众了解学习中华文化。

除发展华语教育传承中华文化外，如何在技术层面发展华文新媒体的传播手段，依托网络吸引新生代受众群体的挑战凸显。近年来，伴随着网络信息技术的飞速发展，传统报纸、杂志、电视、广播等媒体都受到了很大的影响，新媒体的出现为整个媒体带来了革命性的变革，新闻传播的时间、空间等限制条件都已不复存在，网站、微信公众号、社交媒体等的开通都能为华文媒体拓展传播途径，与此同时，最大限度地通过网络途径收集整合华侨华人个人所发布的信息与需求都能将媒体与受众之间信息传递的周期缩短，甚至可以依托网络令二者以即时通信的方式互动。总而言之，信息化时代带给华文媒体的不仅仅是各个层面的挑战，更是无限的发展机遇，华文媒体抓住文化传承、族群发声这一内核，同时依托网络技术、人才更新等外部辅助，必将在下一个百年确立一种全新的媒体发展与文化传播新路径。

（三）代言族群，向主流社会发声

新闻媒体存在的一项重要社会属性就是维护公平与正义，这一属性体现在华文媒体领域就是代言族群，向主流社会发声，合理合法地维护华人在海外的权益。我国国际地位的越来越高，以及国际形势的复杂与多元化，特别是单边主义的再次抬头，都有可能影响到海外华人的权益，这对华文媒体在发声维权层面带来了全新的挑战。作为华文媒体本身，首先要对所在国针对华侨华人的政策作出及时的报道，同时对于华侨华人的各种诉求也要进行报道，当华侨华人权益受到损害时应及时发声，并联合国内与海外媒体共同进行全方位的报道，扩大舆论范围，增加话语权与影响力；其次，在传播中华优秀文化的同时，也要引导华侨华人了解尊重所在国的历史、宗教、文化，遵守所在国法律，在互助互信的基础上加强互相的了解，从而减少和避免因误解带来的摩擦与矛盾。

近年来国际形势发展走向越发复杂，特别是新冠肺炎疫情的暴发导致单边主义、民粹主义有所抬头，这些都会对海外华侨华人产生直接影响，华文媒体维护华侨华人权益的需求也显得尤为迫切了，而决定华文媒体传播力度的重要因素就是提升话语权与影响力，这些都为华文媒体提供了新的挑战与机遇。

四、发挥华文媒体作用，促进中华文化海外传承传播的对策和建议

华文媒体的受众群体主要是海外华侨华人，要充分发挥中华文化的纽带作用，以文化认同推进海外侨胞对国家和中华民族的认同，增强中华民族的凝聚力。要从互联网时代传播环境变化的实际出发，客观分析和正确判断媒体融合发展的现状和问题，制定科学的媒体融合发展规划，有效整合媒体资源，推动华文媒体深度融合发展，向所在国传播中华文化和谐共融的核心思想，形成共同发展的良好局面。华文媒体的发展壮大，须与国内外新闻媒体的力量形成合力，打造文化外宣品牌。以外国的表述方式讲好中国故事，传承好中华文化，为华侨华人获得更多的话语权与影响力，进而促进共谋发展局面的形成，促进中外文明交流互鉴，推动共建人类命运共同体。

第五章
海外华文教育与中华文化的海外传承和传播

海外华文教育是华侨华人学习华文、了解中华文化的主要途径，也是海外民众了解中国和中华文化的重要窗口，做好华文教育工作具有深远意义。随着改革开放的不断深化和综合国力的不断提高，"一带一路"建设取得了显著成效，人类命运共同体构建得到了广泛认同，中华文化作为人类共同的宝贵文化遗产日益受到世界的关注，中文学习在全球范围内掀起热潮，世界上越来越多的人正在了解中华文化。海外华侨华人长期在住在国生活，有的已经成为具有中华文化特质的住在国公民。他们凭借天然的优势，能够在传承中华文化的基础上将当地文化与中华文化融合并向住在国居民进行传播，将自带的中华文化因子融入世界文化洪流之中。因此，在帮助华侨华人传承中华优秀文化的前提下，新时代赋予华文教育以新的历史任务，即搭建中华优秀文化海外传播的桥梁，积极推动中华文明融入世界。

一、海外华文教育的发展历程和现状

海外华文教育的发展历程长达 300 多年,经历了萌生期、形成期、曲折期、复兴期和高涨期,从教育内容、形式到性质、规模都有很大的变化。进入 21 世纪,全球华侨华人已达 6000 多万,海外华文学校约有 2 万所,教师有几十万,在校学生达几百万。当前,海外华文教育不仅包括华文学校,还有当地教育机构开设的中文专业、中文课堂或中文课,也有近年来兴起的致力于汉语国际推广的孔子学院、孔子课堂,据国家汉办统计,开设汉语课程或汉语专业的高校有 3000 多所,分布于全球 100 多个国家和地区,并且学生人数已经突破了 4000 万人。这些海外华文教育机构分布在世界各国,分属于不同的教育层面,各负其责,但又相互合作,在办学形式和人才培养等方面有交叉融合的趋势,呈现出创新发展的新特点,在中华文化传承传播方面也发挥着越来越大的影响力。

(一)发展历程

华文教育是专指海外以华侨华人为对象,以中华语言文化为教育内容,以保持和传承华人的民族性为目的所进行的教育。早期的华文教育性质上为侨民教育,是国内教育在海外的延伸。华人落地生根以后,伴随世代衍生,逐渐在文化和身份认同上向居住地归化,华文教育也逐渐转型为族裔语言文化教育,其功能主要为传承和强化华族日益被销蚀的民族性[1]。随着中国国际地位的持续提升,汉语国际化进程加快,海外华文教育也进入转型升级时期。华文教育的内涵进一步丰富,以华语和中华文化传承、传播为核心,培养能说汉语、具有中华文化气质的世界公民成为海外华文教育的时代内涵。

1. 萌生期:1840 年鸦片战争以前,以塾馆和书院形式萌生

据文献记载,最早的华文学校是 1690 年荷属东印度(现印度尼西亚)

---

[1] 曾毅平:《海外华文教育的生态环境》,《云南师范大学学报》(对外汉语教学与研究版)2019 年第 17 卷第 6 期,第 19 页。

巴达维亚华人甲必丹郭郡观倡办的"明诚书院",至今已有300多年的历史。早期的海外华文教育基本上移植了国内的科举教育,教学内容局限于传统的儒家经典,教学方式沿袭中国传统的书院、私塾模式。接受教育的华侨子女或留在当地为侨社服务,或回国参加科举考试。[①]

2. 形成期:晚清与民国时期,现代华文教育开始形成

1903年,清廷兴新学。1905年,清廷正式废科举,大批创办新式学堂,海外华文学校也随之转型,一批新式华校在世界各地建立,增设了一些西方自然科学课程,但人文教育的内容上仍然以中国传统伦理和典章制度为主,侧重塑造华裔子弟的中华民族文化素质,培养华侨华人对祖国的文化认同。

民国时期,海外华文教育进入了一个新的发展期,一些国家和地区完全建立起新式学校和教育制度,并形成了从幼儿园、小学、中学到大学的比较完整的教育体系。学校接受祖国教育部门的指导,教学内容以三民主义为核心,是国民教育在海外的延伸,属于近代华侨教育范畴。民国华侨教育极大地增强了华侨对中国的全面认同,为抗日战争时期激发海外侨胞高涨的爱国主义热情作出了重要贡献。

3. 曲折期:二战后期,华文教育经历不平衡发展

20世纪50年代以来,由于国际国内形势的巨大变化,东南亚绝大多数华侨选择了住在国国籍,成为外籍华人(简称华人),海外华侨社会逐渐转变为华人社会,海外华文教育陷入低潮并向"本土化"转型,实现了由"华侨教育"向"华人教育"的转变,中华文化在海外传播受到严重影响。

4. 复兴期:20世纪80年代至90年代,华文教育迎来复苏

直到改革开放,中国再次崛起成为世界重要的经济体,华文华语随之成为世界各地最重要的商业语言和文化之一。在新的历史背景下,东南亚各国政府相继改变压制和排斥华文教育的政策,鼓励、支持创办、复办华

---

① 耿红卫:《海外华文教育的演进历程简论》,《民族教育研究》2009年第1期,第117页。

文学校，华文教育发展迎来一个良好的新阶段。

5. 高涨期：21 世纪以来，华文教育迈入快速发展的新时期

进入 21 世纪，随着中国国际地位的持续提升，汉语国际化进程加快，海外华文教育也进入了快速发展的新时期。华文教育的内涵进一步丰富，以华语和中华文化传承、传播为核心，培养能说汉语、具有中华文化气质的世界公民成为海外华文教育的时代内涵，华文教育成为中华文化在海外传承传播的重要渠道。

（二）发展现状

华文教育作为海外基础最雄厚、范围最广泛、教育最规范的中国语言文化教育体系的重要组成部分，对帮助海外华侨华人学习华文，了解中华文化，自觉担任中外文化交流合作的促进者，效果显著。在世界经济一体化的大环境下，华文的实用性价值日益凸显，海外华文教育在当下有非常好的发展，而且形势越来越好。当前，海外华文教育的发展现状和特点如下：

1. 全面普及与重点扶持相结合

首先，就全世界华文教育普及的广度而言，据了解，目前有 6000 万华侨华人遍布在海外 170 多个国家和地区，各国的华侨华人为了留住中华民族的根、中华传统文化的魂和对祖（籍）国的情，创办了不同形式的华文学校。目前，全世界已建设有约 2 万所华文学校，数百万华裔学生正在校接受华文教育。华文教材的发行区域覆盖了 50 多个华侨华人聚居国和地区。其次，就推广华文教育的方法而言，相关部门采用抓重点、树榜样、加强扶持的方法，较有代表性的例子就是海外华文教育示范学校的评选。这项评选活动主要由国务院侨办和中国海外交流协会主办，目的在于树立示范学校的榜样作用，从而带动其他华校的快速进步，促进所在国家和地区的华文教育发展。2009 年，首批 58 所海外华文教育示范学校挂牌；2011 年，第二批 46 所学校获得授牌。2012—2017 年，国务院侨办共建设 300 所

海外华文教育示范学校。①

2. "输血计划"和"造血计划"并重

1987年8月，国务院侨办从广州华侨补习学校选派了两位教师，赴马达加斯加邹省塔马塔夫华侨学校教授华语，从此开启了国务院侨办长期外派教师的工作。2011年，国务院侨办派出教师400余人，2012年派出教师700余人，2013年派出教师800余人。目前，外派教师遍布五大洲的近300所华校，主要集中在华侨规模较大的东南亚国家。国务院侨办将根据海外华校的需要，继续扩大外派教师规模，每年从国内选派大批优秀教师赴海外重点华校支教，壮大海外华文教师队伍。同时，海外华文教育想要长期稳定发展，必须培养本土华文教师。因此，国务院侨办和一些国家启动了"造血计划"。近年来，为方便海外华文教师学习，提高海外华文师资队伍的教学质量，国务院侨办组织国内教育专家和资深老师，奔赴世界多个国家开展华文教育培训活动，或者邀请海外华文教师来华培训。比如暨南大学、华侨大学设立的华文教育本科专业，面向海外华社招生、专门培养海外华文教师，并由国务院侨办设立专项奖学金，受到了海外华社的肯定和赞赏。

3. 文化教育内容与形式的创新

海外华文教育从汉语语言教学发展到全面提供语言文化国际视野的全方位服务，进入了一个全新的阶段。习近平总书记说："博大精深的中华文化是海内外中华儿女共同的魂。"由此可见，文化在海外华文教育中的重要性。但是，中华文化博大精深，我们该选取哪些内容来教？通过什么样的方式来教？这些是我们必须解决的问题。近二十年来，政府部门也在不断提高中华文化教育的效果，举办了一系列与中华文化有关的教育活动，这些活动不管是内容还是形式上，都有了一个新的突破。比如，浙江省开发了汉字棋，并在华文学校推广，帮助华裔新生代学习汉字。再比如，海南

---

① 刘华、程浩兵：《近年来海外华文教育发展的现状、问题及趋势》，《东南亚研究》2014年第2期，第83页。

省与泰国华文学校合作举办旅游管理专业等技能和学历型培训班，提升华文教育的实用性和吸引力。

4. 远程教育技术的运用和推广

从 2006 年开始，中国华文教育基金会陆续在美国、印尼、文莱、葡萄牙等国家开展华文师资远程培训工作，已有 3000 多名海外华文教师受益。"2012 华文师资远程培训"项目涵盖了幼儿师资远程培训、初级汉字与汉语速成教学培训、中级华文阅读教学培训、高级汉语教学法培训等各个层级的华文教学内容。印尼的万隆、雅加达和葡萄牙的里斯本等多个地区的 300 余名华文教师在当地通过远程视讯系统参加了培训；2013 年 5 月，北京四中网校签署了在葡萄牙、印尼和文莱开展华文教师远程培训的合作备忘录，借助北京四中优秀的基础教育和网络教育，把优秀教学成果推向世界，从而促进海外华文教育的发展；2013 年 6 月，由上海市侨办、上海海外文化推广中心——澳大利亚新金山中文学校共同主办的海外华文师资远程培训，在上海和墨尔本两地同步举行，来自墨尔本的 230 多位华文教师参加了培训，此次活动为澳大利亚华文教育增添了新的平台和内容；2013 年 8 月，由国务院侨办与厦门大学携手共建的华文网络远程学历教育项目启动，该项目旨在服务海外华侨华人及华裔新生代的华文教育，为广大华侨华人和两岸同胞，在华文教育与中华文化传播领域的合作搭建交流平台。疫情防控期间，海外华文学校也采用在线教育的方式开展教学活动。江苏省和华文学校探索开展线上"寻根之旅"夏令营活动，吸引了很多华裔新生代参与其中。一些华文学校还开设了"听中国故事、读中国名著、学中华文化"的网站、公众号或者软件，推广中华文化。

二、海外华文教育在中华文化海外传承传播中的作用与优势

海外华文教育主要面向海外华侨华人的子女教授中国语言文化，其根

本任务是培养海外华裔后代的中华文化气质和民族素养，传承中华优秀传统文化，维系与祖（籍）国的联系，是中华民族在海外的"留根"教育，是海外华侨华人社会最重要的"民生工程"。作为一个主要学习汉语和传播文化的综合性交流平台，不仅承担着推广对外汉语教学的任务，更肩负着促进中外文化交流的重任。

（一）作用

1. 可以提供一个世界认知了解中华文化的平台

综观世界，许多国家特别是西方大国都把推广本国语言文化作为国家文化及外交战略的重要内容，千方百计提高本国语言文化的国际化水平。从西方较早建立的德国"歌德学院"、法国"法语联盟"、西班牙"塞万提斯学院"，到近年来中国"孔子学院"、韩国"世宗学堂"，等等，都在以语言文化推广传播为媒介，推进人文交流与公共外交。可以看出，语言文化推广已成为各国提升自身文化软实力及开展公共外交的重要途径。

华文教育可以打开一个世界认知、了解中国的平台，从而优化中国形象。对于国外更大多数的普通公众而言，积极有效的语言文化交流活动更能够激发他们的认知兴趣，帮助他们更好地了解中华文化中的生活智慧和艺术魅力，进而真实感受到一个与日常生活相联系的、真实的中国。通过华文教育这一形式，可以将中国的语言文化、生活方式、思维理念展示在学生面前，让他们感受、了解、习得，然后传播，甚至认同。华文教育是当地社会中华文化传播的主力军，为中华文化和当地文化的融合起到积极的重要作用。

华文教育是推进中外人文交流的独特方式之一，尤其是有规模有影响的华文教育活动，往往成为传播中华文化、优化中国形象、弘扬中国精神的契机。改革开放以来，中国在实施"引进来"与"走出去"战略的同时，积极发挥华文教育的桥梁作用，拓展人文交流，沟通中国与世界。一批批华侨华人相继来华学习工作、访亲探友、观光旅游。定期举行的世界华文教育大会、世界华文教育研讨会等全球性活动，密切了华侨华人与祖（籍）国的联系，推动了华侨华人住在国与中国的交流与合作。此外，海外华校与华社组织的校友会、文化教育社团、乡亲会、协会等，在华侨华人中发挥了积极影响，调动了华裔新生代在中华文化传播中的积极性、主动性、创造性，形成了更为顺畅的交往沟通渠道。以暨南大学华文学院为例，每年有约3500名外国留学生在此就读，学生来源国超过100个。从1993年建院至今，共招收和培养各类学生近3万名，部分毕业生已经成为当地的行业骨干与精英。在老挝、柬埔寨和泰国，该院的毕业生已进入外交部、财政部和教育部等关键部门，为中外交流与合作发挥了积极作用。

2. 可以增强华侨华人乃至世界对于中华文化的认同

华侨华人尤其是华人已经完成了从"落叶归根"到"落地生根"的转变，他们大多数具有住在国国籍和双语双文化背景，对祖（籍）国的认同已经不是政治认同，而是文化认同或族群认同。华文教育不仅是一种蕴含情感的交往行为，而且是一种蕴含思想和观念的交往行为，其在传承与传播过程中所传递的民族性、文化性，能将隐藏在语言文化中的情感、理念传递给学习者，在潜移默化中构建与增强学习者对中华文化以及中华民族"同文同种"的共识，维系着华侨华人的民族特性及其与祖（籍）国的情感联系。因此，华文教育为涵养华侨华人尤其是华裔新生代的文化认同和族群认同提供了一个很好的切入点。通过华文教育涵养华侨华人的文化认同和族群认同，从价值引领、文化培育、实践成才等维度让他们认知中国、认同中华文化，是新时期华文教育重要的拓展方向。

语言文化是保持民族特性的主要方面，具有情感维系、文化传承和商业、实用的功能。目前，全球有85个国家的2300余所高校开设汉语课程，海外大约4000万的汉语学习者中，70%即大约2800万是华裔。因此，华侨华人是汉语在海外传承与传播最久远、最基础、最稳定的载体。汉语是中华民族思想的结晶、身份的象征、认同的工具乃至民族的纽带。人们学习汉语的时候，也就接触到了汉语记录和描绘的中华文化世界，人们对汉语的接纳程度表明其对中华民族的认同程度。华文教育不仅教授汉语，尤为重要的是，让更多的人通过走近汉语，学习汉语，进而认知中国，理解中华文化，为中国和平发展创造一个和谐的外部环境。对华裔留学生的调查研究结果显示，随着华文学习的深入，留学生在中华文化项目的认知和认同显著增加，"85.5%的被调查者认为学习华文有助于增加他们对华人、中国、华族和中华文化的认知；70%的被调查者认为学习华文有助于增加他们对华人、中国、华族和中华文化的认同"。可以预见，当世界各国学华语、用华语的人数大为增加时，对提升中国在国际上的语言文化亲和力和影响力大有裨益。

3. 可以增进中华文化共同体的融合

语言传承与传播过程中所传递的民族性、文化性，有利于构建主体身份和文化认同。习近平总书记曾指出，团结统一的中华民族是海内外中华儿女共同的根，博大精深的中华文化是海内外中华儿女共同的魂，实现中华民族伟大复兴是海内外中华儿女共同的梦。中华民族儿女共同创造的五千年的灿烂文化，始终是维系全体中国人的精神纽带，也是实现祖国和平统一的重要基础。共同的文化渊源能将华侨华人的共性文化特质呈现出来，从而加速内在的认同。华文教育，通过在海外华文学校建设、华文合作办学、华文学术交流，尤其是针对港澳台侨的全国联招考试，为港澳台侨学生回国亲身感受祖（籍）国的文化教育与发展，提供了条件，极大地推动了海峡两岸暨香港、澳门的往来。此外，华文教育在海峡两岸暨香港、澳门组织寻根之旅夏令营、中华文化乐园、中华文化竞赛等活动，加强学生联谊，融洽同胞感情，传承和传播中华语言文化，有利于"丰富一国两制实践和推进祖国统一"，可以充分发挥华文教育在促进统一与和谐华人社会中的功能。

在国际格局日益复杂化的今天，华文教育可以充分利用与侨胞血缘亲、文缘深的特殊关系，积极促进文化教育，加强与世界各国的文化交流与相互融合。通过文化交流论坛、交换学习、校友会、共同开发课题等形式，推进"学生→教师→智库→高层"的联系,在中国与当地民众之间架起沟通的桥梁,有效沟通了中国与世界。如以传播中华文化为目的举办汉语能力竞赛,涵盖征文写作、书法、辩论、诗词吟诵等;以传统文化等展示为目的举办传统技巧活动,涵盖女红手工、饮食烹调、服饰展演、书画欣赏等;以普及国家自然、人文地理知识为目的举办文化知识竞赛。开展中华传统文化活动,开设《中国文化》等精品课程。为了开拓课堂教学,学校还发动汉语类学生撰写论文探讨中华文化,引导他们收集照片、图片、实物材料,亲手参与作品制作,举办文化展,这一教学实践环节的延伸使他们对中华文化有了进一步的了解和更深的体会。学校还很注重汉语类学生住在国文化的融合,支持他们举办住在国文化展示。以考察中华大好河山为载体开展实践教育,每年定期组织团队,以传承中华优秀传统民族文化为核心,以"寻根之旅"为主题考察中华大好河山,对学生开展实践教育。社会实践开阔学生眼界,丰富了他们的课余生活,加强了他们彼此的联系和沟通,增进他们的同窗感情,让他们对中国的历史和现状有进一步认识,强化他们对中华文化的理解和认同。利用重要节日、纪念日,创造条件,有计划地开展各种有意义的集体活动,如美食节、圣诞节、中秋节、迎新晚会等。在学生等活动团体方面,针对他们爱好文艺活动等普遍特点,支持他们组建龙狮队、原创乐队等文艺团体,组织他们参加文化节、校庆演出,推荐他们参与中国春节联欢晚会等节目选拔,等等。文化交流是在公共外交实践中最常用的手段之一。

(二)优势

1. 对于华侨华人而言天然具备传承、传播双重性

华文教育涵养的对象既是受体,也是主体,具有双重性。在全球化时代,随着信息媒介的普及,传统封闭式的文化传播已经越来越不适应信息化公开、开放的发展趋势,越来越多的民众从文化传播行为的"旁观者"变成了"参与者",而政府在文化传播中的职能,也正从一手包揽转换为协

调性服务。华裔新生代在学习中华语言文化的过程中,如果产生了文化认同或者民族认同,会自觉不自觉地向其住在国民众传达和介绍中华文化,这个过程中,华文教育学习者经历了从客体到主体的角色转化。此外,华文教育在推进中外文化交融方面具有双重性。一方面要帮助华侨华人子女传承中华文化,培养他们的中华文化人格等;另一方面,在给学习者教授中华传统文化的同时,也要注意融入当地文化中的先进因素或优秀品质,引导华侨华人子女体会当地文化与中华文化的各自优势,并在二者之间取长补短,推动中华文化与当地文化融会贯通,促进华侨华人子女在海外的更好发展。①

华文教育天然具有"文化传播"属性,交往过程中的文化传播和信息传递成为衍生民间文化交流的可能。如云南省德宏傣族景颇族自治州芒市芒海镇九年制边境学校,是一所利用云南省国门学校建设项目建设的华文学校,学校设有幼儿园以及25个小学、初中教学班。近年来,芒海镇九年制边境学校以其师资力量和办学条件优势吸引了众多来自缅甸的"小留学生"前来就读,每年在学校就读的缅籍学生约在300人左右,并呈逐年增加趋势。2014年整所学校的缅籍学生共334人,其中住校生253人。"小留学生们"在学校里接受与中国学生相同的教育,并可参与评优评先活动,享受学校奖学金,这是中缅民间文化交流的生动事例。

2. 在中华文化海外传承传播中更具柔性

随着世界权力竞争从硬实力向软实力过渡,许多国家的媒体和文化形式纷纷"走出去"抢占国际文化市场,如韩国的"偶像剧走出去"、日本的"动漫走出去",以及中国的"文化走出去"正在进行。文化是重要的软实力,"要影响他国民众心态和影响他国政府对外政策的改变,就需要输送文化价值观及其信仰"。文化教育交流并不以直接服务于外交为目的,而在于通过文化交流影响人的观念,"通过改变另一个国家的政治生态,努力塑造出一种有利于本国的政治生态,最终促进有利于本国的政策产出"。

---

① 刘芳彬:《华侨华人与中华文化国际传播》,《八桂侨刊》2018年第3期,第16页。

华文教育在传播中华文化中更具柔性。华文教育不仅可以通过课内的讲授方式来传播中华文化,而且通过组织开展各种民族文化活动来传播中华文化。在语言文化交流过程中,华文教育扮演着一种与他国交流的"支点",以一种间接性的方式推进文化之间的交流、理解甚至认同,具有"润物细无声"的效果。这些活动使参与者在中华语言与文化的教学与交流中,孕育成为中华文化传播的"民间文化使者"。这种文化的交流与传播,不是刚性的单向宣传或说教,而是柔性的双向互动,避免了外宣模式给学习者造成的抵触,通过潜移默化的影响赢得国际舆论的支持。这是一种缓和、间接赢得本国文化在另一国的认同与美誉的方式,摒弃单向的"宣传""灌输"的思想,实行双向的、平等的、取长补短的沟通方式。

3. 在中华文化海外传承传播中更具长远性

语言文化是国际交往的桥梁,是促进国家间相互了解和合作的重要途径和"助推器",也是解决国家间冲突的"润滑剂",是避免冲突和争端的有效手段之一。当今世界各国纷纷通过语言文化传播来树立自己的国家形象,提升本国的文化软实力,扩大民族文化在国际上的影响。研究西方发达国家语言文化推广的成功经验,可以发现这些国家都把本民族语言文化推广纳入国家发展重大战略框架内予以推进和落实,甚至提高到基本国策和长期国策的高度予以立法,语言和文化推广是国家文化外交的有机组成部分。华文教育也是一项与中国长远发展相关的战略工程。办好华文教育不仅能够弘扬中华语言文化,而且通过教育,把这些学习者培养成企业家、律师、大学教授、政要,进入当地主流社会,这对涵养中外人文交流使者、营造和平友好的国际大环境、提升文化软实力、优化国家形象具有重要的战略意义。

华文教育的文化传承功能主要体现在传承、弘扬中华优秀文化,具有"传播"的"外交"形态。通过丰富多彩的中华文化活动与住在国公众进行沟通,使公众对中国的文化有更深的了解,从而更好地理解和支持中国的政策和外交活动。首先,华文教育积极组织文艺演出、文艺比赛、艺术展览、文化讲座、学术交流、合作办学等文化交流活动，搭建弘扬中华文化的平台，将一代代华裔学生领进来，在中华文化的体验中，培育侨务公共外交使者，让侨务资源变得更为充分与多样化。其次，华文教育在文化传播过程中，在一定程度上还会吸纳西方现代文化和其他民族传统文化精华，这有利于培育具有中华文化特质又兼有西方现代文化和当地优秀文化素养的人才，维护世界语言与文化的多样性，促进国际社会的和谐发展。

三、中华文化海外传承传播视域下海外华文教育面临的机遇和挑战

随着中国综合国力的不断提升，海外华文教育作为中华文化的一个重要输出口也得到了高度重视。为了进一步提升海外华文教育的质量和水平，国家投入了更多的人力、物力、财力、精力，通过各种途径不断推进华文教育事业的发展。在新时代的背景下，华文教育事业也迎来了新任务、新使命和新的发展机遇。同时由于受到国内外形势的影响，也对海外华文教育提出了新的挑战。

（一）机遇

1. 中国进入了强国复兴的新时代，国际影响和国际地位不断提升

越来越多的国家希望了解中国和中华文化，广大侨胞的民族自豪感和自信心空前高涨，学习和传承中华语言文化的需求更加强烈，"汉语热""中华文化热"持续升温。进入21世纪以来，我国的综合国力大幅度提升，国际地位和影响力明显提高，在促进世界和平与发展中发挥着日益重要的作用。国内的持续发展不断地改善着我国的国际环境，使得海外侨胞对祖（籍）国的向心力和凝聚力大大增强。中国的改革开放、经济崛起提升了华语在全球的地位，海外侨胞在全球经济活动中进一步活跃。中国近些年来致力推行对外开放政策，中文市场崛起并且在国际社会逐渐占有

一席之地，世界各地使用华语的趋势日益广泛，信息科技方面的中文使用例如中文网络、中文搜寻网站、华文窗口系统及全球中文频道等越来越蓬勃，而在经贸方面，对华语作为交易用语的全球侨胞企业网络也在不断增长中。如今，有两万多所华文学校广泛分布在世界上的100多个国家和地区，华文教师有数十万人，在读学生达到数百万人。借助世界范围内兴起的华文教育热潮，在重新审视华文教育的内涵、发掘华文教育现实展开的多种路径的基础上，不断增强中华文化的现实生命与活力，无疑成为提升中华文化竞争力的可供选择的最现实的路径。

2. 中国积极参与全球治理体系改革和建设，对中华文化传承传播的作用日益显著

中国积极参与全球治理体系改革和建设，推进世界各国文明交流互鉴，倡导构建人类命运共同体，重视文化软实力建设，国际文化教育交流进一步增强，对中华文化传承传播的作用日益显著。

习近平总书记在党的十九大报告中指出："中国特色社会主义文化，源自于中华民族五千多年文明历史所孕育的中华优秀传统文化，熔铸于党领导人民在革命、建设、改革中创造的革命文化和社会主义先进文化，植根于中国特色社会主义伟大实践。"中国高度重视中华优秀传统文化，在中国革命、建设和改革中，一贯继承、弘扬、提升中华优秀传统文化。运用中华优秀传统文化治国理政，有力地凝聚了民族精神，得到了全世界中华儿女高度认同，将中华优秀传统文化转化为实现中华民族伟大复兴、构建"人类命运共同体"的强大精神力量。

中共中央书记处书记、中央统战部部长尤权在出席第九届（2018年）海外华裔及港澳台地区青少年"中国寻根之旅"夏令营北京集结营开营式中指出，正是伟大的民族之根、文化之魂、复兴之梦，把我们中华民族紧紧地联结在一起，凝聚成生生不息、枝繁叶茂的参天大树，希望营员们担负起推动实现中华民族伟大复兴的历史重任，努力做中华民族优秀传统的自觉弘扬者、中外交流的积极促进者和"一带一路"的热忱支持者。

这一系列举动都显示出了中国政府在积极推动海外侨胞支持中华文化传播的新气象、新风貌，其政策引导性正在不断拓展和强化，必将为中华文化传播的发展注入一支"强心剂"。因此，增进海外侨胞对中华文化的认同，对于弘扬中华民族优秀文化，维系和发展与祖（籍）国的联系和交往，推进"一国两制"伟大实践和中国完全统一进程，具有重要的战略意义。而且，鼓励和支持海外侨胞积极传承、传播中华民族的优秀文化，可以让住在国民众更多地了解中华文化，不断增强中华文化在世界上的影响力。

3."一带一路"倡议的持续实施，为华文教育提供了更广阔舞台

"一带一路"倡议的持续实施，使得沿线各国与中国的关系不断加深，为华文教育提供了更广阔舞台，汉语的文化价值和实用价值不断凸显，海外华文教育的需求更为广泛、意义更加凸显。"一带一路"倡议是以习近平同志为核心的党中央提出的共建"丝绸之路经济带"和"21世纪海上丝绸之路"重大倡议的简称，目的在于实现沿线国家经济社会的共同发展和文化文明的和谐共生。"一带一路"倡议开拓了中国思想文化"走出去"的空间，并为不同文化的深入交融带来了新机遇。

"一带一路"倡议是惠及数十个国家和地区、涵盖几十亿人口、空前提升彼此文化交流水平的世纪性大工程，需要动员相关国家和地区种种有利因素共同努力，才可能顺利建成并发挥作用。以广大海外侨胞所形成的海外华语人群和社区为载体，中华文化的跨境传播就成为拓展中外人文交流的重大有利因素。文化交流内容广泛，层次多样，可以依靠政府或官方机构，采用城市交流、学术活动、学者访问等方式，开展国际文化交流，传播中华优秀文化，讲好中国故事；也可以借助民间组织，举办文化展览、文化年、艺术节等人文合作项目，增进民间往来，推进公共外交，形成战略互信；此外，还可以发挥海外侨胞和华文教育的人文桥梁作用。中央统战部副部长许又声指出："海外侨胞融通中外，在全世界积极弘扬中华优秀文化，推动文化交流，是促进中外友好合作的天然渠道，是拓展民间外交、维护祖国统一、发展中国人民与世界各国人民友好交往的最积极、最热情

的推动者。"[①]

（二）挑战

1. 美西方势力政治与意识形态偏见，影响中华文化的海外传承传播

华文教育和汉语国际教育的主阵地在国外，自然就有"安全"问题。我们必须充分认识，"世界面临的不稳定性不确定性突出，世界经济增长动能不足，贫富分化日益严重，地区热点问题此起彼伏，恐怖主义、网络安全、重大传染性疾病、气候变化等非传统安全威胁持续蔓延，人类面临许多共同挑战"。在这样复杂的国际环境下，华文教育和汉语国际教育基于所在国政治、经济、文化、民族、宗教以及国际关系等矛盾的激化，华文教育过程中必然会遇到中外文化冲突，如果处理不当，就会引发文化安全事件，因此开展华文教育过程中要格外谨慎。

2. 多元文化的竞争，特别是与当地主流文化的竞争

华文教育所面临的挑战首先是文化的整合，全球化时代必将带来侨胞的文化整合。在全球化背景下，多元文化价值观对海外侨胞的影响主要表现在：一方面做好全球人，需强调不同的价值观念、生活方式之间的发展与协调；另一方面作为祖（籍）国或住在国的国民，在参与世界现代化、全球化的进程中，既要保持祖（籍）国的民族性，又要凸显住在国的文化特质，需在二者之间寻求平衡。也就是说，海外侨胞所面对的是怎样将民族性、传统性、现代性在全球化所提供的广阔的文化情境中获得更多的对话和多样性的发展。

面对多元文化、多元价值诉求交错的现实文化生态，中华文化面临着多重挑战。首先，汉语在所在国内受到多种语言特别是英语强势地位的挑战。语言的命运就是文化的命运，更表征着一个民族的命运。随着经济全球化的发展，世界各国文化"软实力"的竞争日趋激烈，不少国家都将推

[①] 陈鹏勇：《"一带一路"战略视域下的华文教育发展研究》，《高教探索》2017年第6期，第100页。

广本国语言作为国家战略，千方百计地提高本国语言的国际地位，外语教育特别是英语教育在不断挤占汉语教育的空间和资源。发达国家凭借他们教育资源的优势和各种优惠条件，利用自己在高等教育领域中的主导地位，扩大对发展中国家的政治、文化、价值领域的精神渗透，各种各样的西方文化通过多种途径影响着发展中国家。如何保障中华传统文化的延续和发展，是文教研究乃至国家发展的重大命题。①

3. 信息技术变革对中华文化的传承传播方式提出了更高要求

信息社会客观上给文化传播特别是传统文化带来冲击。以往无论是农业或工业社会，传统文化的传播方式通常是单向传输，或是口传心授，或是通过报纸、广播、电视等媒体传播。信息社会的文化传播手段发生了重大变革：文化传播方式主要以网络为主，电脑、手机等终端多向接收、多元互动，使交流更加便捷，用户获取信息的渠道更加丰富。作为新生代，青少年从出生之日起就浸润在信息技术文化之中。在现实语境中，他们对各种通信工具、移动终端、智能设备驾轻就熟，网络游戏、哈日哈韩、欧美时尚、平台点餐等都是新生代的生活方式。但这在一定程度上淡化了社会和多数家庭学习中华传统文化的氛围，减少了他们亲近传统文化的机会，影响了中华优秀传统文化的传播。同时，随着信息资源的飞速发展与信息工具的快速更新迭代，不少优秀传统文化的传播形态日益被边缘化。信息技术的变革对于传统文化带来的冲击，需要花大量的时间去消化、吸收和接纳。海外华文教育亟须加速与信息技术深度融合。

四、海外华文教育助推中华文化海外传承传播的对策和建议

海外华文教育在新时代迎来了更为广阔的发展空间，结合当前国内外的形势，可以从以下方面进一步发挥其在中华文化海外传承传播中的作用

---

① 贾益民：《新时代世界华文教育发展理念探讨》，《世界汉语教学》2018年第2期，第149页。

和优势：

在层次上，积极推动海外华文教育转型升级，推动华文教育标准化、规范化、本土化、信息化建设。巩固并完善以华文教师、华文教材、中华文化体验、华校帮扶和网络华文教育为一体的华文教育服务体系，推进海外华文教育教师培训培养和本土教材编写，促进华文教育实现高质量发展。逐步由单一的学校语言文化课堂教学向与中华文化国际传播相结合转型，以发挥华文教育在中华文化国际传播中的重要作用。通过华文教育的转型升级和高质量发展，真正从品质上提升海外对中华文化的认可，从而提升中华文化传承传播的力度。

在内容上，提炼传播中华优秀文化精华，使中华文化的核心价值理念真正能够让国际社会接受和理解。挖掘中华文明绵延数千年所蕴含的强大生命力和世界文化的普遍价值，着力展现中华文化对世界发展和人类文明进步的贡献和影响，推广中国智慧和中国方案，避免文化传播的肤浅化、片面化。既要讲清楚中华文化对世界文明发展进步已经作出的重要贡献，又要突出中国智慧和中国方案对未来世界发展和人类文明进步还将产生哪些重要影响，使中华文化的核心价值理念与精华以及中华民族精神的核心品质真正能够让国际社会接受和理解，真正深入人心，获得持久的共鸣与影响。

在方式上，增强与新媒介的结合，拓展中华文化传播的时间效度与空间维度。结合不同传播媒介的特性进行整合传播，其所承载的中华文化及展示的中国形象才能更广泛地跨越国界，在全球范围内获得共鸣。加大网络华文教育工作力度，加强中华语言文化的数字化传播和资源共享。积极推动现代信息技术在华文教育中的应用，比如运用"云技术"开展智慧教学、利用互联网开展远程教育，通过教育教学信息技术革新，不断促进华文教育信息化的普及与应用水平的提高，拓展中华文化传播的时间效度与空间维度。

在范围上，加强在"一带一路"地区的倾斜，构建中华文化交流示范大走廊。当前，华文教育资源呈现出向东南亚等华文教育系统已经成形的国家地区倾斜的特征，而"一带一路"沿线国家的华文教育资源配置还没有形成体系。在"一带一路"倡议顺利实施的大背景下，华文教育应充分"借势"，构建"一带一路"中华文化交流展示大走廊。推动中华文化产业与当地文化产业的结合与融合，同时也可充分发掘中华文化本身的产业特性和经济价值，建设中华文化特色产业区，形成具有"一带一路"中华文化特色的产学研产业模式，为"一带一路"沿线国家的中华文化传播提供新模式。

第六章
海外华商与中华文化的海外传承和传播

海外华商是指从事商业、企业经营与贸易的中国海外移民及其后裔。他们不断发展自身，为中国经济和所在国经济发展作出卓越贡献，而且在世界经济的区域化和经济全球化的发展进程中发挥了重要作用。华商将中国传统的优秀文化与先进的西方现代企业管理方法融为一体，在各个领域取得了卓越成就。在新时期、新形势下，华商经济融入并深刻影响着世界经济。今后，华商要继续参与国际化，并作为华人代表与世界对话，让世界倾听并尊重华人的声音。

一、海外华商与中华文化海外传承传播历程和现状

（一）海外华商的发展历程

海外华商的出现可追溯至宋元时期，随着私商贸易的发展而兴起，早期集中在东南亚国家，明清时期，已经有为数不少的中国人在海外经商。

华商通过自身的迁移与侨居，将中华文化移植异域，形成了华侨文化，之后在东南亚各地及后来在美洲慢慢发展起来。晚清以后，海外华商逐渐向美洲、欧洲、大洋洲扩展。随着中国海外贸易和华人移民社会的发展，华商在东亚、东南亚地区构筑起了海外华商网络。19世纪以前的东亚、东南亚贸易网络，华商居于主导地位，西欧商业资本通过殖民据点卷入其中；在西方主导的世界贸易体系的形成和发展时期，海外华商在流通领域和产业领域充当依附性中介商角色。20世纪80年代以前，华侨华人高度集中在东南亚，其资本的累积也主要在东南亚。早期东南亚华商的资本积累，源自福建和广东的海商资本，尤其来自福建海商。较大规模华商企业的出现，源于欧人东来引发的东西方直接贸易和西人主导的世界商贸网络的形成。西方在远东的殖民扩张导致东南亚殖民经济的全面开发，也带动了东南亚华商网络从沿海扩展到内陆，由流通行业进入生产行业，从而推动东南亚华商资本的积累。20世纪后期，经济全球化不断发展，华商成为跨国公司资源配置的重要关联商。20世纪八九十年代以来，随着区域一体化和经济全球化的加剧，更有许多华商作为投资移民进入欧美为主的西方发达国家，成为新兴华商集团的组成部分[①]。

（二）海外华商的现状与对所在国的影响

海外华商秉承"适者生存"这一理念长期在激烈的竞争与不利环境中打拼，吃苦耐劳、百折不挠，渐渐培养出敏锐的市场眼光和过人的商业智慧，一批经济实力雄厚的华人实业家和华资企业集团脱颖而出。进入21世纪以后，海外华商整体经济实力的提升呈加速之势。如果2008年估算的包括港澳台在内的海外华商资产有5万亿美元，到2017年，则海外华商资产至少已经翻倍甚至更多。[②] 据《福布斯》发布的数据，2015年全球富豪中，新上181人，其中逾40%是华人富豪；370位华人富豪的净资产总额高达

---

① 张秋生：《海外华商史研究的新视角》，《光明日报》2020年02月03日第14版。
② 贾益民、张禹东、庄国土：《华侨华人研究报告（2020）》，社会科学文献出版社2020年版，第48页。

11519亿美元，在全球富豪总资产中的比重也首次超过了20%。①在东南亚地区，华人经济实力相当雄厚，拥有一批在本行业、本地区甚至世界都颇具影响力的杰出华人企业家和华资企业集团。据统计，在印度尼西亚、泰国、马来西亚、新加坡、菲律宾等国，华人资本占其资本总量的1/3以上。新加坡、泰国、马来西亚、印度尼西亚和菲律宾是大型华商企业的集中地，五国的华商资产占东南亚华商资产总额的90%以上。最近30多年来，欧美等发达国家华侨华人华商发展迅速。有调查表明，硅谷创造的财富中，40%有华侨华人的参与，每年涌现的5000家初创企业中，约有1/4由华侨华人创办。②

海外华商数量众多，老华商曾经集中在传统产业。随着来自留学、投资移民、技术移民的新生代华商的增加，如今华商的生意版图正在向现代服务业、科技型企业迈进。近年来，海外华商产业呈现多元化发展趋势，除了继续在传统行业稳步发展以外，在房地产、资源开发、交通运输、金融保险、文教、医疗、旅游等行业也发展迅速，尤其是高新技术产业，如信息产业、新能源产业、新材料产业、医药和生物技术产业等已成为华商新的经营领域，并在不断扩展。在美国、加拿大、澳大利亚等新移民国家中，尤其是在美国，科技创新型华商企业兴起。在华商所从事的新领域中，信息技术（IT）产业发展显著，主要分布在美国、日本、新加坡这些经济发达的国家。③华商在自身发展的同时，也成为当地经济社会中不可或缺的一部分，促进了当地的发展。另一方面华商还成为当地对外投资和引进外资的桥梁，促进了世界经贸联系。

华商在其历史发展进程中经历了从传统向现代转变的重大变革。从历史上看，无论东南亚还是欧美的老一代华商，中国传统文化所形成的独特家族文化都对其产生了重要的影响。与西方企业经营理念的公开化、法制

---

① 潮龙起：《华侨华人与中华民族伟大复兴》，第79页。
② 窦勇、卞靖：《"一带一路"建设中如何充分发挥华侨华商的作用》，《中国经贸导刊》2015年第33期。
③ 王辉耀：《世界华商发展报告2017》，中国华侨出版社2017年版，第91页。

化和制度化相比，传统华商的经营理念体现的是重伦理、崇道德、讲仁义，商业交易富有人情化，人际信用关系和道德约束是重要的商业机制。[①] 当然，海外华商独特文化的形成不仅受早期华人从中国带来的中华传统文化的影响，还受华人在居住国所吸收兼容并包的其他文化的影响。海外华商的经营管理之道，尽管不同区域各具特色，但总体上是以中华传统文化为根本，加上本土文化、家族理念，同时在国际化进程中又融入了西方先进的管理理念与手段，呈现出中西合璧的特征，而正是融合创新使海外华商具备了独特的经营智慧。东西方文化具有巨大的互补性，在多元文化环境中的适应性与创造性是海外华商取得成功的根本原因。

二、海外华商在促进中华文化海外传承传播中的作用和独特优势

中华文化的海外传承应与经济、贸易交流相协调。文化交流并不是孤立进行，常常是和经贸交流联系在一起。文化能否"走出去"，在很大程度上取决于经济、贸易是否畅通。要使我们的文化顺利"走出去"，必须建立文化与经贸的联动机制，既通过经贸的扩展来带动文化走出国门，又借助文化的对外传播来促进经贸的往来和发展。[②] 华商是华侨华人中的一个特殊群体，他们四海为家，将中国商品和中华文化传向全球。中华传统文化是海外华商文化的基础。华商久居异国他乡，政治、经济、文化、习俗都已融入当地社会，外族文化对华商经济活动产生了重要影响。世界各民族的文化精华，都被久居那里的华商所学习、所汲取，并构成世界华商文化的组成部分。华商文化超越了国界，既具备中华文化的特色，也蕴含当地社会的文化种子，是与其他地区和国家文化直接交流和碰撞的产物，这就使得华商文化在普适性上可能超出传统的中华文化，兼具经济与文化的两面特质，更能够与世界文化进行深入的互动和交流。

---

① 张秋生：《海外华商史研究的新视角》，《光明日报》2020年2月3日第14版。
② 丰子义：《中国文化如何走向世界》，《前线》杂志 2019 年第 6 期。

（一）海外华商促进中外经济文化的交流和发展

受儒家思想影响的海外华人具有一种共同的特性，就是克勤克俭、自力更生，又能互相帮助；既富有不折不挠的韧性，又具有适应环境的灵活性，以及重视信誉等。遍布世界各地的华人企业家深受儒家文化的影响与熏陶，恪守儒家商业文化传统、儒家经济伦理和商业道德，背井离乡、漂洋过海，凭着不屈不挠、艰苦奋斗的意志，在世界各地取得了辉煌的业绩。华商和气生财的态度、同心合力的精神、和谐共赢的理念，既是中华优秀文化的体现，也是世界各国人民了解中华民族和中华文化的重要视角。

在华人集聚的国家，总是不缺华商通过艰苦打拼取得成功的故事。在他们的身上，我们能找到这些成功背后的共因：那股一脉相承、融入血脉的拼劲与韧劲。如新加坡"包装大王"华人陈德薰1950年只身去香港谋生，白天打工，晚上读书，艰苦创业，最终成为富甲一方的企业家。美国金融界巨富、华人蔡志勇常年坚持每天工作达15小时，每晚只睡5小时，中午吃饭只花几分钟，正是靠"勤奋"二字，他的事业才获得了成功。中国传统文化中的商人精神是海外华商获得成功的因素。

享有"酒店大王"和"亚洲糖王"之称的郭鹤年是马来西亚最杰出的企业家，他从小接受中华文化的熏陶，受到儒家传统道德观念的影响。他的父母常告诫他要待人以诚，做生意讲商业道德，一言九鼎，童叟无欺，同时，也培养了他刻苦耐劳和谦逊的品德。一直以来，郭鹤年视诚信守诺为经商之本，经常告诫后辈做生意要专注，不能三心二意、为了赚钱而不择手段。因为将诚信严谨刻入企业骨髓，成为行业典范，所以郭鹤年旗下的企业，虽涉及领域众多，但几乎每一家都成了行业中的龙头企业。郭鹤年在回忆录说，华人是"地球上最惊人的经济蚂蚁"，华人的勤奋是深入骨子里的，并且吃苦耐劳，不管条件有多么艰辛，都能克服困难。华人有无与伦比的经商管理能力，其成功原因是因为骨子里有文化的力量。为什么海外华人能在东南亚生存、适应和变得繁荣，郭鹤年认为，答案就在于中国人的伟大文化力量，当他们离开祖（籍）国的时候，华人骨髓中仍保留着中华文化。①

菲律宾安格斯铝业有限公司董事长张昭和常说，在菲律宾，华人就是中国的一张名片。他不仅身体力行地向菲律宾社会展现华人诚信守业、乐善好施的形象，更竭尽全力做中国故事的讲述者、中菲友谊的牵线人，让中菲两国民众的心越走越近。张昭和给自己画下了一道永远不可逾越的底线——诚信。"这是我做生意的一个本分，只有坚守自己的信用，才是长久之计。"张昭和说，"在我主要经营的铝合金这行，我的产品质量总是菲律宾国内数一数二的，我从来不用废料、杂料。"②

艰苦奋斗、注重和谐、讲诚信，这些就是中华民族的优秀文化传统的体现。长期以来，包括华商在内的广大华侨华人自强不息、艰苦创业，用勤劳和智慧创造了不平凡的业绩，积极融入住在国社会。华侨华人经济是住在国经济的有益补充，在其发展过程中不断与当地经济融合与互补。许多华侨华人通过他们在经济领域的活动，为住在国带来了税收和就业机会，促进了当地经济的发展和社会进步，提高了当地人民的生活水平，为建立和推动和谐有序的国际经济新秩序作出了积极贡献。华商也通过他们的自身形象、经营活动，传播传承了中华文化，促进了中外人文交流和文化的相互借鉴。

（二）海外华商网络推动中外经济科技合作，促进中外友好

在海外，数百万华商的经营触角已经深入各国经济社会生活，海外华商网络遍布全球，在利用丰富的政商人脉资源的同时，还拥有雄厚的经济实力和全球化的生产营销网络。华商网络是华侨华人发展经济的重要手段，因此，发挥华商网络的桥梁作用，是促进中华文化和传统在世界范围的传播的重要途径。

海外华商网络是人类网络中的一个独特载体。华商网络是指海外华商凭借血缘纽带、基于经济利益而形成的泛商业网，是中华文化与商业活动

---

① 《郭鹤年：商界传奇书写拳拳爱国心》，搜狐网，2018年1月5日。
② 严瑜：《菲律宾华商：讲好故事 化解中菲误会》，《人民日报》（海外版），2016年6月23日第12版。

的结合，蕴含着巨大的经济价值。海外华商的经贸网络主要是以东南亚地区的华商网络为基础而发展、扩大起来的，而东南亚地区华商网络的形成更集中地体现华商网络的基本特点，它是依托于华族移民的族群关系，随着地区经济和世界经济的发展，包容于各个国家或地区经济、区域经济和整个世界经济之中，而扩散到全球。他们的共同目标是促进中华文化和传统在世界范围的传播，并借此发展地区间的经济联系。[1] 随着全球化的发展，一些华商网络由早期的地域性、方言性商业网络发展成为全球性的商业网络，内部运作也呈机制化和常态化的趋势。华商网络在沟通信息、维护权益、规范行为、提供服务等方面扮演了重要角色。

海外华商活跃于世界的不同国家（地区），由于所处的历史传统、价值观念、政治制度、文化背景、经济状况、风格习惯以及性格特点等存在明显的差异，商业活动交往中常常会表现出显著的文化差异与不同的处世方式。他们以利益关系相嵌入的跨文化移动存在于更深层次的"一带一路"互信互通互助的"五通"（政策沟通、设施联通、贸易畅通、资金融通、民心相通）之中，而不仅仅是浮于表面的文化标识。华商网络因具备五缘（亲缘、地缘、神缘、业缘和物缘）的特点，在其住在国开展各项合作上具有天然的优势，更容易快速对接自身的商业网络资源并达成意向。[2]

海外华商在创业时，鉴于周围环境的不确定性，除了亲友和同乡外，不大与人交往，不得已与外人交往时，往往看重双方的信用。一旦双方通过交往取得了相互信任，华商就会珍视信用如生命。华商网络深深体现着中华文化，特别是儒家思想的影响。欧洲有一位温州商人叙述道，他创办企业之初，由于有34个同乡商人每人出资5000元，凑成17万元，再加上他自己的12万元，因而能不用向银行贷款便顺利办起了自己的企业。许多温州籍的新移民都是通过"标会"的方式集资筹款，即由亲戚、朋友、同乡共同出钱解决某一个人的资金需求，然后在约定的期限内还款，利息的

---

[1] 蒙英华：《海外华商网络与中国对外贸易》，厦门大学2008年博士学位论文，2018年。
[2] 邢菁华、张洵君：《"一带一路"与华商网络：一项经济地理分析》，《浙江学刊》2020年第3期。

高低或有无，则因会而异。这种传统的集资方式帮助温州人解决了创业、置产初期阶段的资金短缺，使他们得以较早地迈出创业关键的第一步。华商从事经济活动崇尚以礼为先，以诚信为准则，讲求顾客至上，信誉第一，义利并重，广结良缘，亨通财运，从而获得所从事事业的稳步发展。中华民族传统文化，特别是儒家文化成为全球华商网络的精神支柱。

为加强全球华商的联系、沟通与合作，新加坡中华总商会、香港中华总商会和泰国中华总商会于1990年联合倡议，在原先区域性的华商联谊会基础上，每隔一年举行一次世界华商大会。有着"世界经济奥运会"称号的世界华商大会以"在商言商"、弘扬中华民族文化为宗旨，在全世界华侨华人中具有重要影响力，被称为全球华人商界的盛会。定期召开的世界华商大会是海外华商网络全球性发展的象征和见证。马来西亚中华总商会总会长林国璋表示："全球华商建立商业联系是互惠互利的事。"世界华商大会创办至今，为遍布全球的华商提供了汇聚交流的平台，发挥了进一步加强彼此合作网络与共谋商机的功能。谈及当今世界华商经济发展的新态势，林国璋认为，海外华商经济发展适应性很强，他们善于利用世界各地人脉网络和信息优势，除了从事传统的农业、批发与零售、贸易，也涉足制造业、房地产、服务业等领域，对所在国的经济发展发挥了举足轻重的角色。[①]

（三）海外华商树立在世界上的新形象，弘扬中华民族的华商精神

海外华商在长年累月的经营中继承和发扬了中华民族优秀的文化传统，并将其转化为道德标准和行为准则，在中华传统价值观下形成了独特的商业精神，这就是"华商精神"。华商在住在国继续发扬中华民族传统美德，与住在国人民一道，创业兴业、团结互助、和睦相容，诚信守法经营，承担社会责任，为当地经济社会发展贡献智慧和力量。

新加坡总理李显龙2015年8月23日在国庆群众大会上回顾了新加坡

---

① 张冬冬：《林国璋：华商是中马企业界交往合作的桥梁》，中国新闻网，2013年9月20日。

过去50年的发展道路,赞扬华社和华商在各领域为新加坡作出的重要贡献,包括推广中文和华族文化,以及照顾其他群体等。李显龙表示,从殖民地时代开始,华商领袖就负起各种社会责任,热心公益,出钱办校,并通过设立各个宗乡会馆,照顾比较贫困的同乡,凝聚乡情。新加坡取得自治、开始建国的时候,他们领导华社争取公民权与公平的待遇,保护华社的利益。直到今天,许多商人仍旧出钱出力,赞助学校和会馆的活动和项目。"华商也扶持其他种族,协助加强社会的凝聚力。这不只是大公司,或者大老板所办的事情。在基层,许多中小企业和小商人长期发挥互助精神。"李显龙表示,政府会继续支持各个族群保留自己文化的根,确保华族文化薪火不灭。①

怡海集团董事局主席王琳达说:"我这几年在塞尔维亚做了两次捐赠,第一次是2014年5月他们发大水,我给他们捐助了30万人民币,虽然很少,但是表达了华商对他们的关心。第二次是去年给他们捐了一个幼儿园,得到他们国家老百姓和政府高度的认可,专门给我颁发终身成就奖。"她认为,这说明要先交朋友后做生意,要通过中国的文化、教育在当地播下友谊的种子。华商们积极配合当地政府发展经济,为居住地的经济发展贡献自己的一分力量。②

有"儒商"美誉的陈永栽,不仅是华商巨擘,也是文化使者。他深谙中华历史与文化,并善于从中吸取精华,如今他已经80多岁,还能通背《论语》,准确画出易经六十四卦。企业文化对于一个企业来说至关重要,优秀的企业文化孕育出优秀的企业,陈永栽用中国的传统文化与企业经营相结合,把各种优秀文化做到企业当中去,比如,陈永栽常运用《孙子兵法》里的各项思维去处理面对的商业疑难。"中华文化是孕育了五千多年的文明结晶,世界文化宝库珍贵的财富。"陈永栽说,正因为中华传统文化优秀,他以此立德立人,推己及人。他信奉以"仁"为核心的儒家思想,做

---

① 刘丽仪、谢燕燕、邓玮婷:《新加坡总理回顾建国50年道路赞华社和华商贡献》,中国新闻网,2015年8月25日。
② 严瑜:《"一带一路"上跃动华商身影》,《人民日报》(海外版),2017年3月29日第6版。

到"智者不惑,仁者不忧,勇者不惧"。深受儒家思想影响的陈永栽,十分节俭又乐善好施。他积极支持各界举办振兴教育的慈善活动,通过菲华商总积极推行农村校舍方案,捐建校舍;他于20世纪80年代初开始捐助"国际跨海捐书"方案;1984年,陈永栽参与创立了"提高教育水准基金会",支持该会推行教师培训;鉴于不少华人家庭的第三、第四代已不会写华文、讲华语的情况,他出资出力开展了连串的"挽救行动"和"留根工程"。从2001年起,陈永栽已连续15年资助"菲律宾华裔青少年中文夏令营",超过1.1万名的菲律宾华裔青少年到祖籍国各地学习汉语、书法、国画、舞蹈、武术等。2002年7月,陈永栽在菲律宾开办了首座华文图书馆,为学习、研究中国传统文化提供了良好的条件。[1]

"华侨华人在尼日利亚的发展,离不开当地民众的支持。没有相互尊重,就不会有发展。我们更要做一些力所能及的公益事业,回馈当地。我们和当地人要像一个大家庭一样和谐,你中有我我中有你,才能有更好的发展。"尼日利亚华商倪孟晓说,"巧合的是,10月1日是中国的国庆日,也是尼日利亚的独立日。每年的国庆联欢会上,台上台下同唱两国国歌,挥舞两国国旗。大家常常是热泪盈眶。两个完全不同的国家在文化交流中找到了最佳契合点。"[2]

成功的海外华商,以中华传统思想、价值观为修身、立业、处世的准则,结合各民族尤其是西方文化的营养成分,中西文化融汇一体,其跨越文化、国界与制度的实践形成了强烈的企业家精神,从而在激烈的国际竞争中据有一席之地。

三、海外华商在促进中华文化海外传承传播中的机遇和挑战

过去,华商凭借中华民族吃苦耐劳、艰苦奋斗、文明礼貌的传统,赢

---

[1] 李杰:《晋江籍华侨领陈永栽:华商巨擘深谙中华文化》,《晋江经济报》2015年11月25日。
[2] 张红:《海外华侨华人发挥独特作用》,《人民日报》(海外版),2019年4月12日第6版。

得当地民众的拥护与肯定，他们为促进中外文化交流作出了重要贡献。进入新时代，中国提出了"一带一路"倡议，给予了华商历史性的机遇。

（一）机遇：海外华商为共建"一带一路"贡献力量

在全球 6000 多万海外华侨华人中，居住在"一带一路"沿线各国的有 4000 多万人，占到总数的 2/3 以上。海外华侨华人专业人士数量接近 400 万人，大多集聚在"一带一路"沿线各国，使得沿线国家成为中国拓展对外经贸关系最具增长潜力的地区。[①]"一带一路"倡议不仅推动了经贸合作，还扩大了中华文化的国际影响力，使我国悠久的历史、灿烂的文化通过"一带一路"传递到世界各地。在"一带一路"沿线国家，数量庞大的华商发挥着不可替代的重要作用，他们当中蕴藏着雄厚的经济实力、跨国的营商经验、广博的人脉关系和丰富的智力资源，是参与和推动"一带一路"建设的重要桥梁和纽带。对于旅居海外多年的华商来说，既熟悉住在国的政策法规、文化环境与风土人情，又与祖籍国乡亲血脉相通、同种同源；既是中华文化的传播者，也是"一带一路"建设的参与者。海外华商抓住这个机会，谋划企业的新蓝图，积极推进所在国与中国在经济、文化、科技、教育等领域的全方位交流合作。

2015 年 6 月 6 日，中匈签署《中华人民共和国政府和匈牙利政府关于共同推进丝绸之路经济带和 21 世纪海上丝绸之路建设的谅解备忘录》，这是中国同欧洲国家签署的第一个此类合作文件。一直以来，华侨华人被称为中国在海外的"民间大使"。中国与匈牙利签署"一带一路"合作文件使华商受惠，也能为"一带一路"出力。匈塞铁路、中欧陆海快线等重大基础设施项目建设是两国"一带一路"合作的重点领域。布达佩斯唐人街集团总经理宋一楠指出，中国对外承包企业进军中东欧市场，华商在帮助他们的同时，也给自身带来了商机。例如，在工程机械融资租赁上，由于华商对当地的文化、市场更为了解，可以帮助国内企业做好客服和售后服务。

[①] 李鸿阶：《发挥华商组织网络作用 服务"一带一路"建设》，《侨务工作研究》2018 年 NO.2-3。

而通过这种合作,也能带动华人企业自身转型升级,共享"一带一路"发展机会。[①] 华商积极推进住在国与中国间的经贸合作,助推"一带一路"倡议在当地落地生根,在促进文化交流合作等领域也作出了突出贡献。

中匈科技贸易协会副会长傅烃认为,早前的贸易更多的是一种产品输出,或者是物物之间的贸易,但是一个成功的国际性企业卖的不只是产品,更多是文化。"中国企业'走出去'除了资金上的优势外,还要学习国外产品的价值、文化的整合能力,不光让当地民众认为是一种产品,还要认为是一种文化,让他能够接受,欣赏中国文化。"傅烃觉得,中华文化得到其他国家的认同,可以让他们对"一带一路"产生认同。文化认同,任重道远。傅烃坦言,华商可以作为桥梁,帮助中国的企业"走出去",为他们提供一些服务。

(二)挑战

新的历史时期伴随着机遇的同时也有挑战,由于受外部经济挤压、国际经济摩擦、持续蔓延的新冠肺炎疫情等因素影响,华商在经济发展和文化的传承传播方面仍然面临诸多挑战。

1. 华商新生代对中华文化的传承面临挑战

海外成长起来的华二代,凭借高等教育程度、双语优势,具有多元文化的素质、开阔的视野和前沿的创新意识,更适应当地的文化背景,这让他们的经营理念与老一代华商完全不同。华二代在认同中国传统道德观的同时,更加尊崇西方社会的价值观和处世哲学。中华民族的亲缘文化与西方当代企业管理文化的有机结合,不仅确保了华商家族企业的长久繁荣,而且有利于这些企业向现代化、多元化、国际化方向发展。东西方文化兼容并蓄、中外文化兼容并存,不仅丰富了世界的多元化,而且适应于世界经济一体化的潮流,对推动人类社会的发展都具有积极的意义和作用。

但是与老一代华商相比,新生代的华商企业家对家乡感情有所弱化,他

[①] 龚欣怡:《旅匈华人领跑欧洲新"丝路"》,《人民日报》(海外版)2015 年 6 月 15 日第 6 版。

们很多在欧美留学，对中国的亲切感、对中国文化的了解都不如上一代。比如，新生代对老一代华商所钟爱的蕴含着中华文化积淀和思想情感的传统节日不感兴趣，如春节、端午节、中秋节等。在饮食习惯上，老一代华商偏爱中华厨艺，而新生代却喜欢当地餐饮……生活习俗、饮食习惯等的改变，不仅是生活方式上的改变，也包含着对其他文化的理解与认同。新生代由于没有接受过系统的华文教育，难以熟练运用中文阅读信息，对国家现状和中华民族传统文化较为陌生。当前不少华商家族呈现老龄化趋势，在东南亚和欧洲更是明显，培养年轻人显得尤为紧迫。他们在国外长大，很少真正了解中国文化，通俗地说，就是"香蕉人"，对此，中国文化的熏陶必不可少。

"第二代华商对中华文化越来越陌生了。"菲律宾菲华商联总会名誉理事长庄前进说，华商是海外中华文化最早的传播者，但是，随着老一辈华商年龄的增大，中华文化的传承状况堪忧。庄前进表示，海外华商们凭借自身的文化走到今天，深刻认识到中华文化的重要性，并一直致力于传承中华文化，"华商与中华文化是分不开的，有华商的地方就有华文学校。"印度尼西亚中华总商会常务副主席张锦雄说。在印尼，40岁左右的华人基本没有接受过中文教育，青少年对中文更加陌生，中华文化传承困难，部分华商的子女们也仅仅知道自己的根是中国。张锦雄说，要解决华文传承的问题，只有文字的传承是不够的，必须立体全面地传播，重塑文化内涵。"像中秋节，在全世界传播越来越广，但是节日背后的文化内涵却必须加强"。

香港新华集团第三代传人蔡隽思表示，当前世界形势充满了不稳定因素，华商在思考如何将接力棒交给下一代时，要注重华夏文化和民族传统的作用。他指出，中华文化在家族企业中的传承并不影响华商的后代融入当地文化。不仅如此，中华文化为华商子女提供了宝贵的精神财富和企业文化上的竞争力。他呼吁海内外华商积极传播儒家文化、弘扬家国情怀和延续互助互信的传统。[1]

---

[1] 《中外企业家共议家族企业传承 中华文化成为华商关注焦点》，《欧洲时报》2019年10月24日。

2. 疫情带来的变化

新冠肺炎疫情仍在全球持续蔓延，对世界经济发展及全球化进程带来了巨大冲击。华人经济正面临疫情所带来的严峻考验，在清华大学华商研究中心、中国华侨华人研究所联合主办的"海外华商谈抗疫"在线观察系列活动中，多位华商探讨了处于逆境中的华商现状和未来挑战。西班牙巴塞罗那世界华人经济发展促进会会长张甲林表示，西班牙乃至欧洲疫情的暴发让当地社会与华人措手不及，华人经济面临产业结构大洗牌；德中高级人才交流与经贸合作促进会副会长周玲表示，疫情下华人经营方式和策略亟待改变，要为德国经济下滑提前做好准备；德国莱茵之父集团董事长房心如提出，德国华商应适时调整传统经营方式，学习中国企业的运营模式和互联网应用的相关经验，或许可以降低疫情带来的损失；中非民间交流与合作促进会会长南庚戌认为，疫情的冲击势必影响到中非在"一带一路"方面的合作，但仍需乐观面对。[①]

在疫情发生之后，澳大利亚华人金融专家协会会长曾毅表示："作为老百姓，我们应该与驻在国民众多沟通交流，加强与民间的友好交往，相互尊重彼此的习俗和文化。作为有知识的华商，我们有能力有智慧做两国民众之间的润滑剂，减少误解，帮助祖籍国和居住国相互了解。"[②]

随着多国尝试"解封"，一些海外华商开启了复工复产时间。在做好疫情防控的同时，他们积极拓展经营销售新思路，寻找新商机。巴黎美丽城唐人街大型中餐厅经营者、巴黎国际大酒店董事总经理陈建斌说，为缓解疫情影响，很多华人商铺推出网络订货送货服务，包括唐人街上6家大型中国超市。"唐人街是海外华侨华人的精神家园，也是传播中国文化的重要窗口之一。"陈建斌表示，每逢中国春节，很多侨胞和法国人都会聚集在唐人街过中国年，围观初一当天举行的舞狮舞龙活动，体验浓浓的中国年味。海外侨胞都献策出力，关心帮助唐人街恢复活力，让唐人街从传统服务业

---

① 邢菁华：《全球抗疫命运与共 华侨华人共克时艰》，《华侨华人历史研究》2020年第2期。
② 高楚颐、罗海兵：《澳大利亚华商谈抗疫：愿做两国民众的"润滑剂"》，中国新闻网，2020年6月13日。

向多元化方向发展，增加更多的中国文化因素，让唐人街成为东方文化的标志，成为欧美多元文化的有机组成部分。①

意大利金砖投资集团董事长孙运之对集团房地产公司刚刚完成的一笔交易津津乐道。"客户通过 VR（虚拟现实）技术远程看房，最终确定了购房意愿。'云看房'方式在中国国内房地产市场比较常见，也给了我很多启发。"孙运之说。美国华商蒋勇在公司化妆品业务板块充分运用了互联网思维。"如今，中国国内流行通过抖音、快手等短视频平台推销产品，各大平台上美妆博主、网红的带货能力不容小觑。我们不能错过这波流行潮。"蒋勇说，公司正与上海一家企业开展合作，将公司的化妆品网络营销业务打包出去，以在国内互联网销售市场中占据一席之地。②面对新冠肺炎疫情带来的冲击，不少华商纷纷转换思路，寻求新的发展商机和业态，借助互联网技术探索创新、开展自救，展现华商不屈不挠的精神。

四、发挥海外华商作用，促进中华文化海外传承传播的对策和建议

中华文化在海外的传承传播仍有待突破，其国际影响与中国的经济实力大不相符。因此，要采用多种方式来发挥海外华商的作用，促进中华文化海外的传承传播。

在中华文化海外传承传播的过程中，非常重要的是观念的传播，这是一种文化的交流与互动。任何行为背后都是具备一定的观念和文化基础的，所以华商的经济行为也必然蕴含着华商文化。在制定策略时，必须考虑到华商的经济特性，充分给予经济行为得以运转的条件，适当地使用情感引导，会比较符合华商群体特性的策略方向。因此应建立共商共建共享共赢机制，搭建多种交流平台，推动合作发展，使华商更好助力"一带一路"建设，对进一步弘扬中华优秀文化、加快推动中国企业"走出去"也具有

---

① 贾平凡：《多国唐人街开始苏醒了》，《人民日报》（海外版），2020 年 7 月 10 日第 6 版。
② 李嘉宝：《海外华商进入"复工时间"》，《人民日报》（海外版），2020 年 6 月 8 日第 12 版。

重要意义。

目前，新时期涌现的二代、三代华商将在参与中国发展的新战略中扮演中流砥柱的作用，要重视加强与"新华商"的文化交流与凝聚。在与"新华商"，特别是年轻一代华商的互利发展中应该顺时而为，不断探索新思路，精准把握传播对象的新特点新需求，结合时局挖掘传播内容的新内涵。

在目前复杂多变的国际经济金融环境下，科技创新日新月异，传统行业和传统经营模式具有一定的不可持续性。因此，应当引导华商找准企业自身发展定位，结合有关行业发展趋势，创新国际化经营业务模式，与新时代协同发展，构建科学、合理、符合市场需求的企业运营模式，确立企业战略发展思想和规划，把握世界经济调整契机，进一步壮大华商经济，弘扬中华优秀文化，进一步树立中华民族的良好形象。

当前，周边国家民众对一些华商企业和华商的了解认识仍有待加强。因此，正在拓展周边国家市场的华商，当务之急是做好自身形象的有效传播。华商应通过开展慈善活动、支持教育事业、提供就业岗位等方式来回馈当地民众，给周边国家民众留下良好的中国印象。将中国传统文化的"亲、诚、惠、容"理念渗透到生活的各个角落，提高华商群体在所在国的亲和力、感召力和向心力，对于促进中国与周边国家关系的发展起到了不可或缺的作用。

第七章
华人宗教（民间信仰）与中华文化的海外传承和传播

华人的宗教信仰，古人一言以蔽之："观天之神道，而四时不忒。圣人以神道设教，而天下服矣。"华人宗教的元素，作为中华文化的基因组成，几乎全方位存在于中华传统文化的各个层面。2010年，联合国宣布启动联合国语文日：法文日：3月20日法语组织成立纪念；中文日：4月20日谷雨（仓颉造字）；英文日：4月23日莎士比亚诞辰；俄文日：6月6日普希金诞辰；西班牙文日：4月23日塞万提斯逝世；阿拉伯文日：联大12月18日决议，确定阿拉伯语为第六种官方语文。

可以看出，中文日设立，具有神道（中华原始宗教）色彩。4月20日，为中国农历的谷雨节气，"四时不忒"内容之一。谷雨节气的由来，乃因汉文字的草创——"仓颉造字，天雨粟，鬼夜哭"。

神道因素在华人宗教中，因中华历史的绵长久远、中华文化的博大深厚而无处不在地隐于各种文化现象中。

一、华人宗教和民间信仰海外传播的状况与特征

华侨华人宗教的海外传播为典型的移民传播,是以民间之力,谋生为本,祖籍认同,宗教随行。

大规模海外移民的产生,是因为16世纪末叶,欧洲殖民者将东南亚地域开始纳入全球性贸易链而产生的就业机会,属于典型的劳力式移民。移民出发地域主要是东南沿海。到18世纪中叶,随着开发规模的扩大,开发内容的深入,就业机会的大幅度增加,华人移民数量剧增,聚集区域从起初的商埠口岸向内陆延伸。就业内容也从单一的贸易或转运(码头工)转变成矿产业、种植园、营建业等产业劳工。近两个世纪的东南亚方向移民,民间俗谓"下南洋",成为中国人移民潮的代名词之一。19世纪中叶,南北战争结束后,北美大陆的开发活动,特别是太平洋铁路的开发,吸引了大批东南沿海华人漂洋过海,赶赴美洲,形成华人的北美移民潮。

在逐渐定居下来的早期移民中,随之带入的是"移神移鬼"的宗教信仰。这样人群的信仰呈原生态式地转移,是一种有别于引进和输出方式的另外一种宗教传播形式,有学者称之为"拥携"。[1]

移民性宗教传播的基本特征是,宗教作为族群符号而非宗教标识而存在,宗教认同建立在对祖籍国认同基础上。华人宗教传播随华人族群16世纪末期开始的海路移民开始,至今四百多年。漫长的历史时期中,移民活动本身潮起潮落,途殊径异,移居目的国多有变化,但祖国认同、中华为源、认祖归宗、落叶归根的信念一直是华人移民民族意识的主旋律。这种传统和现象的形成,华人宗教在其中可谓居功甚伟,发挥了决定性作用。华人宗教是华人移民这一特定人群维系祖国和原乡的精神纽带。也因此,华人宗教在海外的影响与传播成为中华文化海外传播研究的重要内容之一。

华人宗教海外传播的另一个特征是,移民动因中,首先鲜有因宗教迫

---

[1] 陈秋平:《从民间信仰到正信:马来西亚移民佛教的转型》,载《首届华人宗教国际学术研究会华人移民与宗教文化论文集》,第561页。

第七章 / 华人宗教（民间信仰）与中华文化的海外传承和传播

害而去往异国他乡奉守信仰的压力，其次也没有输出本土宗教到异国他乡的信仰追求。所以华人移民的宗教信仰，主要是原乡文化的宗教符号部分，与其说是华人宗教在海外传播，毋宁说华人移民乡土文化以宗教符号形式延伸至海外华人社区。华人宗教的表象，信仰庞杂，种类繁多，兼容共存。"在海外华人的宗教生活中，佛教与道教是难以分清的，以华人的视角看，它们是混杂一起的，而且华人在其宗教信仰和实践中也是将它们混杂在一起的。所以我们在东南亚随处可以看到华人庙宇里供奉的神明是佛道混杂的；比如，在新加坡的玉皇殿，就不仅供奉着道教系统的玉皇大帝、南斗六星、北斗七星、二十四天将、三元大帝和十二花神等神祇；也祀奉着如来佛、观音菩萨、地藏王、阿弥陀佛等佛教神像；还供奉有地方性神灵，甚至成为相面、测字、卜卦的场所等等。可见，华人信奉的神不仅繁多，且无严格区分，一个华人传统宗教信徒可以同时信奉道教系统、佛教系统以及来自中国原乡的神灵。因此，不仅局外人很难判定他是信仰佛教还是道教或是别的什么传统信仰，就是华人本身对于他们的宗教信仰也不是分得清清楚楚的。"[1]

有一点需要说明，本文所使用的"华人宗教"概念，既包含中国本土传统宗教和民间信仰，亦泛指华人移民海外所拥携的本土元素的各类宗教，并未严格遵循学界研究所形成的"华人宗教"与"华人的宗教"概念学术内涵。在学界看来，华人宗教是中国传统宗教的分支，具有自己独立的特性。但以本文叙述来说，华人宗教是由中华文化背景下诞生的，一种集"地缘、乡缘、神缘"密不可分、杂糅共情的宗教信仰和精神生活，作为一种亚文化，不仅深深紧紧依植于中华文化之根脉，而且在全球化背景之下，华人的宗教借由住在国的华人大放异彩。

总体说来，华人海外宗教传播大致有如下几类：

---

[1] 张禹东：《海外华人传统宗教与社会和谐——以东南亚为例的观察与思考》，《华侨大学学报》（哲学社会科学版）2011年第3期。

（一）本土传统宗教信仰，即汉传佛教、道教

汉传佛教——中国化了的佛教在早期移民主要流向地的东南亚地区的华侨华人族群内，随着信仰人口和经济实力的增长，开始影响并反馈当地社会，滋养和丰富了他国文化，扩大了中华文化的影响。华人族群聚集社会区域内，庙宇林立，供养僧侣，信奉人口众多，凝聚华人力量，并逐步为教团传播建立了相当信众基础。例如在新加坡："信奉者在华人宗教信仰构成中的比例从 1980 年 53.6% 上升到 2000 年的 76.0%。从 1980 年到 1990 年，新加坡华人中佛教信奉者从 34.1% 上升到 39.3%，到 2000 年更是迅速上升到 53.6%。"[1] 原籍福建的宏船法师于新加坡弘法过程可谓典型。新加坡曾属英国殖民地，有世界宗教博物馆称号的国家，在宏船法师等人的努力下，在地国华人宗教系统中的汉传佛教，组成了新加坡僧伽联合会诸多教团性质的组织，不仅维系了华人宗教在地传播，并逐渐成为在地国的不可小觑的民间力量。

与此同时，宗教场所的建设对佛教传播评价具有指标性意义。中国汉传佛教于 2000 年在尼泊尔落成"中华寺"，是新时期华人宗教海外传播中宗教场所建设的发端。另一个明显的例子是，改革开放以来，欧盟的意大利国成为我国江浙沿海地区，尤其是浙江温州地区人群的移民主要目的国。截至 2010 年 12 月 31 日，在意大利的华侨华人约有 20 万人。浙江沿海作为南海观世音道场所在（普陀山），佛教传承已久，观音菩萨信仰隆盛，影响到意大利建设有 60 个佛教道场，规模较大的有罗马华意寺和普拉托普华寺。[2]

道教——道教是中国土生土长的宗教，主要在中国境内流传，但是随着中国文化的交流和华人移居海外，道教也远播海外，在世界上产生了影响。

---

[1] 张禹东：《东南亚华人传统宗教的构成、特性与发展趋势》，《世界宗教研究》2003 年第 1 期。
[2] 严晓鹏：《华侨华人与中国宗教文化海外传播：基于中国佛教文化在意大利华侨华人社会中传播的考察》，《首届华人宗教国际学术研究会华人移民与宗教文化论文集》。

据不完全统计，海外道教、道士及其活动场所的分布情况如下：北美洲设坛或庙54座，道徒25000人。南美洲设坛或庙85座，道徒27000人。欧洲设坛或庙98座，道徒29000人。非洲设坛或庙54座，道徒3400人。大洋洲设坛或庙130座，道徒9500人。亚洲：日本设坛或庙12座，道徒3400人；泰国设坛或庙9座，道徒5200人；缅甸设坛或庙7座，道徒2700人；印尼设坛或庙4座，道徒120人；菲律宾设坛或庙58座，道徒38000人；马来西亚设坛或庙135座，道徒12500人；新加坡设坛或庙198座，道徒27000人。台北天师府在美国、加拿大、菲律宾、新加坡、马来西亚等国设有办事处。近几年来，同北京白云观建立交往关系的外国道观有：美国亚利桑那州的中孚道观，纽约的紫根阁、天后宫和应道观，夏威夷的太玄道观，加拿大多伦多市的蓬莱阁，法国巴黎的挽云楼，新加坡的金锻殿、混元道坛等。

（二）本土民间信仰——华人普遍信仰的神祇

华人普遍信仰的神祇不仅有关帝、观世音、大伯公、拿督公，也有沿海各省人民的地方信仰神祇，即汪毅夫定义的"美德故事与灵验传说，纪念性祭祀与诉求性祭祀，'崇德'与'报功'构成双翼结构"的民间信仰[①]。

较著名的有：开漳圣王、田公元帅、广泽尊王、妈祖（林默娘）信仰、临水夫人（陈靖姑）、保生大帝（吴夲）、清水祖师（陈普足）、张公圣君、王爷信仰、九鲤湖何氏九仙、惠泽尊王、三平祖师、金花娘娘、阮梁圣佛、冼太夫人、何仙姑（八仙中的何仙姑）、龙母、三山国王、黄老先师、钟万公神、谭公（谭峭）、宋大峰祖师（僧人）、宋禅（僧人）仙法师公、天后、108兄弟公等。

移居海外后创造并崇拜的神祇有：仙四师爷、洪仙大帝、林姑娘信仰、泽海真人（郭六官）、刘善邦、公子爷信仰等。

影响比较盛大的民间信仰，当属女神祇妈祖，妈祖信仰自宋代以来，

---

① 汪毅夫：《从福建方志和笔记看民间信仰》，福建教育出版社2006年版。

广泛存在于港澳台地区和东南亚华人社会,已经发展成为世界级的宗教文化。据报道,世界各地有4000多座妈祖庙,信众达2亿人。可以说凡有华人之处,便有妈祖信仰。"妈祖信仰是华侨华人民间信仰的较典型代表。妈祖信仰随着华人的出国传播到海外之后,在华侨中逐渐成为华侨社会的缩影、乡土观念的象征。"①

(三)民间教派主要有青莲教(先天道)、三一教、真空教、德教、一贯道等

这些自创性宗教,多为国内创立,儒佛道概念杂糅,跟随移民,活动地带亦主要在东南亚地区。青莲教、三一教曾盛行于东南亚华人社区,目前呈衰落状。而德教一脉日渐壮大:2004年的统计数字显示,马来西亚有142个德教会阁,泰国74个,新加坡11个,美国3个,澳大利亚、老挝、日本各有1个。截至2012年,马来西亚德教会阁已超过170家,而加入泰国德教慈善总会的阁有80多家,印度尼西亚6家,老挝则增至5家,澳大利亚4家,文莱2家,澳门地区2家,新西兰1家,加拿大1家。②一贯道包含浓厚的儒教化色彩,广泛传播于全世界范围,"道传万国"。

(四)华侨华人改宗当地宗教

华人移居海外后,也有人改宗当地国宗教,如基督教、伊斯兰教者。以新加坡为例,1931年,新加坡华人信仰基督教者占华人人口的2.8%,1980年为6.3%,1990年为14.2%,2000年为16.5%(41.3万人)。2010年数据显示为20.1%(47.3万人),占全国基督徒人数的83%。到2010年,基督教已经上升为华人社会第二大宗教。③华人改宗基督教,时至今日,已发展成熟为华人社会从信仰的接受者跃升为信仰的再造者和传播者,成为基

---

① 刘素民:《亚洲华侨华人宗教特征研究》,《东南学术》2008年第3期。
② 陈秋平:《从民间信仰到正信:马来西亚移民佛教的转型》,载《首届华人宗教国际学术研究会华人移民与宗教文化论文集》,第77页。
③ 彭慧、杨亚红:《从城市丰收教探析当代新加坡华人精神世界》,《首届华人宗教国际学术研究会华人移民与宗教文化论文集》。

第七章 / 华人宗教（民间信仰）与中华文化的海外传承和传播

督教中一支不容忽视的力量。在基督教立国的美国社会，华人教会是联结华人人数最多的社会组织。[1]

华侨华人改宗在地国主流宗教信仰，呈现出中国特色的中国式，或者说继承了华人宗教文化中的包容性特点。长辈信奉华人宗教，晚辈信奉在地国宗教、基督教或伊斯兰教。但彼此和睦相处，互不打扰。各自的宗教活动甚至互相参与。在"菲律宾马尼拉的溪亚婆街，亲自看到圣母玛利亚出巡的盛况……善男信女把整条街拥挤得水泄不通，其中不少是华侨……他们不但到过佛寺行香，也到过关帝庙膜拜，而今又极其虔诚地向圣母祈祷"[2]。同样，在菲律宾的描东牙示天后宫，每年十一月祝庆妈祖诞辰时，"既烧香点烛，抽签问卦，祭祀烧金，又请天主教神父主持弥撒；既向妈祖连敬三天传统中国戏，又在庆典的最后一晚举行天主教式的花车游街"[3]。

华侨华人的宗教信仰体系的共同特点就是，无论信奉的神祇或宗教为何，总是加入强烈的中华文化色彩，从这一点来看，华人宗教就是中华文化的有力载体。除内在意识形态之外，富有中华文化特色的宗教场所（庙观），是华人社区的活动中心（庙会），他们在此朝拜神明、缅怀先祖、交流互通、维系乡情，华侨华人宗教信仰就是中华悠久且复杂深厚文化的外延，信天奉地的宗教场所则成为传播中华文化的地点。

二、海外华人宗教传播中华文化的优势与路径

（一）海外华人宗教对传播中华文化核心价值观的作用

中华文化在世界舞台上有着独特魅力，其中奥秘和微妙聚集成中国宗教之魂。当下世界，有华人的地方，就有华人宗教。如果说，具体的华人个人是传播传承中华文明的细胞，那么华人宗教，则是汇聚这些细胞于海

---

[1] 王忠欣：《美国华人基督教的历史发展及意义》，《首届华人宗教国际学术研究会华人移民与宗教文化论文集》。
[2] 庄为玑：《关羽崇拜在国外》，载《泉州鲤城文史资料》6、7合辑，1991年1月。
[3] 庄为玑：《关羽崇拜在国外》，载《泉州鲤城文史资料》6、7合辑，1991年1月。

外传播、传承中华文化中枢之一。随着全球"世界祛魅"的发生，宗教神圣性和神秘性价值逐渐退位让渡，更多地通过人文关怀价值、文化价值体现出来。

宗教价值与人文关怀价值联系紧密的重要方面如慈善公益事业，它维系了信众并福利信众信仰。中华文化中的"惜老怜贫""扶危济困""祈愿和平"等理念，通过华人宗教的各项慈善活动的广泛开展得以体现。早期的社区性慈善活动，随着时间和信众的发展，规模和影响力从社区扩展到在地国更广阔的地方，直至登堂入室到海外主流社会。如新加坡，"……由于妈祖在华人中拥有众多的信徒，因而妈祖庙宇的香火非常旺盛。善男信女不仅虔诚膜拜，而且慷慨捐献，妈祖寺庙的'香油钱'收入相当可观。与妈祖相关的会馆就把这些捐款用来补助其所属的学校、医院或其他慈善、公益事业"。

2015年，汉传佛教在美国纽约主流社区教堂为和平祈祷——11月30日，美国佛教联合会联合中国上海龙华古寺在纽约曼哈顿著名的河滨大教堂（The Riverside Church）举行传法传灯大法会，就此祈祷世界和平、同愿同行、风调雨顺、人民安乐。参与传灯祈福大法会的还有纽约的妙觉寺、云门寺、佛恩寺、瑞光寺等各寺法师以及美东各界四众弟子，逾千人参加了传灯仪式，场面盛大、庄重而祥和。中国龙华古寺住持在诸山长老见证下，将禅宗曹洞宗、临济宗法脉心灯传付给界通、定光、印琳、界隆、明豁5员法将。中华人民共和国驻纽约总领事馆张美芳副总领事、纽约佛教联盟主席T.K.Nakagaki、纽约各宗教代表及华人社区各界代表共同见证了中国汉传佛教首次在河滨教堂举行传心灯祈祷世界和平法会这一历史性时刻……

（二）海外华人宗教信仰的维护为中华文化传承续脉

祀神或纪念封圣人物的宗教活动，是各宗教的信众都具有的习俗，这种宗教活动具有鲜明的传教内涵，并因其深入民间而在文化传播和传承方面发挥了巨大的作用。时至今日,华人宗教文化通过各种途径传播,尤以东南亚地区甚深。华人移民带给东南亚的不仅仅是表面上的宗教文化,还包括华人宗教潜在的文化价值,比如规范的宗教礼仪使人们团结的意识越来越强。以"道教节世界庆典"为例:该庆典源于 1996 年新加坡道教协会发起的"道教节庆典"(Taoist Day Celebration)活动,之后马来西亚等国家和地区相继效仿,印尼三宝垄于 2009 年开始与新加坡联合举行庆祝活动。2011 年,由于欧洲意大利道教协会的加入,该活动因扩大范围改称"道教节世界庆典"(Taoist Day Worldwide Celebration)。其内容主要为在道教圣祖老子(太上老君)诞辰日(中国农历二月十五日)这天,邀请全球道教徒齐聚道教圣地、联合举办庆典,以图增强道徒身份的认同、传播道教的学说、扩大道教的影响。

2018 年,印尼的马吉朗福隆庙第二次承办"道教节世界庆典"。印尼的道教徒并不擅长做科仪法事,于是从中国内地请了一些道长前来帮忙,印尼的道教徒认为这种正统道教的仪式"引导"对于印尼来说很重要。庆典包括有"朝圣大典献供典礼""国际道教论坛""福德正神巡游"几大板块活动。印尼华人对这次庆典的响应非常热烈,共有 60 余家印尼各地的华人庙宇参加了神像"巡游"活动,这些庙宇所信奉的有福德正神、玄天上帝、玄坛元帅、修德真君、张天师、法主公、二郎神、哪吒三太子等各式各样的神灵,覆盖面可谓广泛。巡游间穿插有抬轿、鼓乐、舞龙、耍狮等民俗展演活动。马吉朗福隆庙承办的这次"道教节世界庆典"活动,得到了印尼官方的认可和支持,印尼国家宗教部和马吉朗市政府不仅委派官员出席了开幕仪式,而且在市内划出专门路线供神像"巡游",并动用大量警力帮助维护秩序。马吉朗的市民更是倾巢而出,或携儿带女在沿途等候围观,或准备饮料供巡游队伍取用,或直接加入游行队伍而追随他们扛抬神轿、敲锣打鼓、尽情欢娱。这次马吉朗"巡游"的盛况,似中国民间的"庙会",颇有史籍所谓"车马喧嚣,连臂踏歌"之象,表现出了宗教民俗文化对于普通百姓的吸引力。

简言之，传统上通过克服山阻水阻而体现信仰追求的活动，因时代科技进步，交通发达，而演变为文化观光、具有中国特色的嘉年华会。中华传统文化的各种元素，在万众欢庆之中，以木偶戏、歌仔戏、车鼓弄、牛犁歌、舞狮舞龙等形式集大成。

华人宗教的神祇众多，海外华人社区，类似妈祖巡游的宗教活动演变为中华文化现象集成的比比皆是：如马来西亚柔佛州新山盛大的五帮共庆游神仪式，5座各自供奉神明：玄天上帝（潮汕籍贯者供奉）、洪仙大帝（闽帮供奉）、感天大帝（客家帮供奉）、华光大帝（广肇帮供奉）、赵大元帅（琼帮供奉），于每年农历正月二十一日由五大籍贯护驾，出游绕境市区一圈，百多年历史，几乎未曾中断，至今已发展为马来西亚华人的重大文化活动：本土一个潮汕，海外一个潮汕——30万人一起嗨！"原本只是新山华社地方性活动，几年来却备受海内外媒体和学界的关注……是华人社会重新强化其'文化'认同行为。"①

泰国华人所奉九皇盛会，源自华人祖先移民"移神"所奉九皇大帝祭典，是中国传统中最古老的星辰崇拜（即道教祭祀北斗星君的仪式），创于东汉（五斗米）道教，存世一千多年，国内已经鲜见。而泰国的九皇盛会却香火续脉，将祭典发展为富有宗教色彩的节日"九皇胜会"或"九皇斋节"。在泰国董里府，持续10天（农历八月三十－九月初九），董里斗母宫道人依照道教各项程序诵经请神，市民、游客、信众汹涌，观看礼拜，中华文化以很泰国的方式传播传承。

在印尼，1965年的930事件后，华人社团和华文学校被取缔，印尼各地的华人庙宇面临着严重的危机。苏哈托政府，尤其是反华的印尼军人认为，华人庙宇保存了华人的传统文化，应该查封，有些地区的军队甚至已经进驻了华人庙宇。此时，泗水著名华人庙宇凤德轩敬神社主席王基财挺身而出，率同仁游说东爪哇军团司令，力争华人庙宇不被封禁，而应受到

---

① 林佩环：《游神与绕境：从柔佛古庙游神与台湾妈祖绕境探讨华人宗教场域之异同性》《首届华人宗教国际学术研究会华人移民与宗教文化论文集》

保护，这才使凤德轩得以留存。后于 1967 年 5 月成立了"东爪哇三教庙宇联合会"，1968 年 12 月成立了"全印尼三教庙宇联合会"。全印尼共有千余间华人庙宇改为"三教庙宇"，从而得以合法存在。①

2010 年 12 月，新加坡道教总会举办了成立 20 周年庆典大会，该庆典大会同时也是多元种族多元宗教的联欢晚会，26 个宗教团体的领袖和代表共 2500 人出席。据新加坡道教总会陈添来会长介绍，这是新加坡历史上的第一次此类活动，因此政府也非常重视，李显龙总理和十二位内阁部长莅临并作重要演讲。李显龙总理在这个盛大场合演讲时强调，本地宗教领袖能扮演缓和紧张关系的关键作用，因为信徒把他们视为榜样，他们如何引导信众将对本地的宗教关系起着重要影响。为了确保晚会的成功，陈会长花了几个月的时间，走访了 26 个宗教团体，邀请他们的领袖或代表参加，以便互相认识和促进交流。李显龙总理特别赞扬了道教总会，特别是陈添来会长为促进各宗教团体之间的交流所做的努力和贡献，吁请道教徒继续发挥影响力，协助维护宗教和谐。这表明官方对于道教在促进宗教和谐方面的贡献给予充分肯定。②

华人宗教在非华文世界还承担着汉字和文化教育的功能。在缅甸，法律上不允许教授中文，但当地人孩童可以通过寺庙学经，掌握汉语，学习文化。

华人宗教于在地国纷呈表现，使"文化中国""信仰中国"的印象在世界上鲜活起来，也使世界真正体会到中华文化的精华及精髓所在，中华文化的魅力和华人宗教信仰得以散发出持久诱人的吸引力。

（三）华人宗教文化寻根，继续发挥凝聚海外华人的纽带作用

中华宗教可以超越国与国之间的政治界限或思想意识形态界限，达到相应的文化共存和精神共识，并因这些关联可以使之在异地获得生存

---

① 王爱平：《宗教对印尼华人融入当地社会的作用——以印尼孔教、三教为例》，《世界民族》2010 年第 5 期。
② 《捍卫宗教和谐的"常态"》，新加坡《联合早报》2010 年 12 月 16 日。

和发展，文化精髓是核心生命力。寻找生命之源，强根壮体，是华人宗教永葆内在生命力的重要方略，也是它能够继续秉承和传播中华文化的根本。

在华人宗教回溯、回归的寻根活动中，值得注意的是"祖庭效应"现象：这里"祖庭"就借用宗教祖庭概念，指宗教发源地或海外所传宗教在祖籍国的归属，范围远远超出宗教中的祖庭概念。比如耶路撒冷（基督教）、麦加（伊斯兰教），为宗教发源地型祖庭；梵蒂冈，则属宗教权威祖庭（天主教）。这里所说的华人宗教祖庭，既有前者（发源地所在），也有后者（权威所在）。例如汉传佛教的诸多名刹，为权威型祖庭，如北京灵光寺佛牙舍利和陕西法门寺佛指舍利供奉，为世界佛教徒高山仰止。又如浙江天台山国清寺，是日本、韩国的天台宗信徒的祖庭。中国道教拥有发源地兼权威祖庭——武当山、龙虎山，是天下学道之人向往、朝拜之地，这两处也是海外华人宗教信徒参学回访，延请师父及教团移步国门、海外传教的代表。华人宗教中的民间信仰，如妈祖信仰，祖庭在福建省莆田市湄洲祖庭妈祖庙。

所谓"祖庭效应"是信众寻根觅源，求解疑难，参拜祖庭的人类宗教文化活动。总体来说，其是宗教的异域传播达到一定规模，获得相当数量信众时，因教义诠释、信仰考验等因素需要进一步提升而必然产生的文化现象。这种"祖庭效应"式的文化寻根，对宗教文化的传承和中华文化的传播意义重大，仍以妈祖信仰举例说明——在海峡两岸官方"三通"未通之前，福建妈祖的祖庭效应促成了"妈祖"先通。[①]

尤其重要的是，妈祖信仰的"走出去"（海外传播），呈现出实质意义上的"本尊金身走出去"——妈祖信仰有金身巡游传统，是最显著的宗教活动之一。在中国经济进入高度发展期，即21世纪之后，妈祖巡游不仅游于国内（含港澳台地区），而且开始国外巡游之旅，其路径所涉国家与"一带一路"沿线国家高度切合，巡游在菲律宾、马来西亚，新加坡、韩国、

---

① 蒋坚永、徐以骅：《中国宗教走出去战略论集宗教》，文化出版2015年版，第6页。

日本等国的妈祖庙展开，成为海外华人移居地的重大宗教活动，对凝聚华人社会、扩大中华文化影响发挥了重要作用。

宗教仪式回传是"祖庭效应"的另外范式。"在移民史上，在移居地祭祀原乡的神明，作为某种地域认同的标志，是常见的现象。这些移民在事业发展之后，也就常常会使这种经过海外移民社会再创造的信仰形态，通过与原乡地域社会的互动，反过来影响原乡民众的信仰。"[1]

2014年宋大峰祖师百年金像回銮仪式就是新加坡修德善堂养心社通过返回中国潮州拜神与联谊互动，以神明为纽带，当代海外移民将源自中国的传统文化习俗浸入了移居地文化特质的信仰回传。

潮汕善堂起于元代，早期是民间慈善机构，及至明末清初，成为一个信奉宋大峰祖师的宗教信仰派别，并随着移民传播至海外，此次百年回銮被解释为"回家"。回銮仪式不仅完成了仪式回传，将有神缘的海外善堂与潮汕地区的各善堂联系起来，在宗教仪式和宗教事务中，中国的潮人与东南亚的潮人打破时空间隔，潮人、潮语及潮州文化形成了共同的潮人文化圈，实现了信仰体系的循环与完善，为中华传统文化的传播与完善注入了新的元素。[2]

三、华人宗教在中华文化海外传承和传播中的机遇和挑战

（一）机遇

预期华人宗教的未来要从新移民的状况说起，总体观察如下：

新移民数量：以文化祖源分，新时代海外移民可按出发地，总体分成两大部分，即港澳台地区和大陆地区。新移民结构的变化：传统体力劳工

---

[1] 陈春声：《侨乡的文化资源与本土现代性：晚清以来潮汕地区善堂与大峰祖师崇拜的研究》，载刘宏主编：《海洋亚洲与华人世界之互动》，华裔馆2007年版，第83页。

[2] 李志贤：《柳缘渡人：从宗教仪式看新加坡潮人善堂信仰的文化内涵》，载刘宏主编：《海洋亚洲与华人世界之互动》，华裔馆2007年版，第118页。

性移民的比例已经大幅度下降,而依亲、求学、投资、人才移民大幅度增加。移民输出地的变化:新移民不再以东南亚为主要方向,而是面向全球,尤其是以欧美澳经济发达地区为主,非洲、中近东地区也大幅度增长,较早期的华人宗教海外传播的人群基础有了巨大改变,带来了机遇。

第一,在这样的移民构成状况之下,海外华人宗教除佛教、道教、民间信仰外,以中国人为信众的本土基督教、本土伊斯兰教也开始以其在中国形成的、鲜明的中华文化特征,参与到海外传播,这种现象被称为"宗教回哺",是新时代华人宗教的显著特征和内涵。虽然,这种"宗教回哺"面临的问题还很多,诸如教义之争、教规之争等,但因为带有中华文化深刻烙印,华人宗教海外传播更具备了文化传播的影响和意义——1954年,在菲律宾举行天主教祈祷大会上,教皇特封妈祖为天主教七圣母之一,并隆重地为妈祖加冠。[①] 自此,妈祖经常以不同的形象同圣母玛利亚联系起来,当地旅行者的保护神安智波洛的圣女(Virgin of Antipolo)和妈祖等同。第二,华人宗教与在地国主流宗教开始呈现出竞争信众关系,虽然竞争范围大多局限于华人新移民,刚刚进入"汝能往、我亦能往"阶段,但我们有理由相信,华人宗教在中华文化逐渐融入世界文化中的进程,将发挥它巨大的作用。第三,在全球化背景下的华人宗教,多元文化、多元宗教更加方便交流互鉴,加之现代科技提供的便利,更有利于华人宗教的文化传播。

(二)挑战

第一,华人宗教同世界宗教一样必须回应世俗化的挑战。调整在信仰、社会、文化三大层圈中的关系,在现代化加剧发展的当代社会中,重塑在社会文化中的地位。第二,华人宗教必须正视在普世价值观念下西方文明所依托的基督教文明的冲击。第三,警惕宗教极端主义对于华人宗教主旨文化和信仰的伤害,保障宗教自由与和谐。

---

① 刘素民:《亚洲华侨华人宗教特征研究》,《东南学术》2008年第3期。

四、华人宗教进一步融入世界，促进中华文化交流传播

华人宗教一直以谦和、包容、海纳百川的姿态与世界文化融和，以一种自发的、自然的态度存在，显得零散而不成气候。在当今国际形势风云变化动荡之际，华人宗教应该以传承中华优秀传统文化的姿态影响和感动世界，让自己的宗教正常存在、有效、有序、有规律地作为中华文化软实力的表达者。传统宗教的教职人员特别是高僧大德赴海外宣讲，宣传中华宗教文化中的中华文明主旨和中国宗教的核心技术。比如，道教为中国所独有，它承载了中华优秀文化的道德理念；又如，中国化了的佛教，成为东亚地区乃至世界佛教的核心；再如，中国儒释道三家相互影响，展现出的独一无二的宗教文化特征：关心出世又关注入世。这些都是华人宗教历经百年风雨依然要传续承载和发扬的，也是中华文化得以在世界彰显的软实力。

对于华人宗教海外传播，有些人建议依照在地国语言，组织精准翻译华人宗教的经典，"要对中国宗教经典的语言进行他国化"翻译。这种主张正确之处在于，中国宗教文化的翻译应符合接受国文化的语言规则，使之更易被在地国受众接受和领悟。错误却在本质上忽视了这问题属于语言范畴，而非宗教范畴，也与宗教文化传播的规律相违和。

宗教不是语言交流，宗教是人心体悟，是文化感受。译文优劣与否是技术问题，不是宗教问题本身。问题本身是外来宗教当地化的过程，是传教浸入当地过程，主要由在地文化信士或者长期浸淫在地语言环境的传教教团逐步解决，这一过程可能很漫长，也很辛苦，但绝不是仅在语言翻译下功夫就可以实现的。实际上，在历史上，宗教经典的翻译，都是在宗教本身广传且具相当信众的基础上，由笃信饱学之士执笔完成，而笃信饱学之士翻译时将其对宗教本身的理解加附予母语的诠释，才可符合本国受众。古代教团没有，今天教团也不会有深符异域语言风格的宗教经典译本，前

往特定异域传教。正如所说:"律法,即写成文字的经文,逐渐成为可携带的宗教机构。"① 所以经典的解读和释义应该由华人宗教自身完成。

华人宗教研究起步较晚,却富有成效,其中不乏大家之言、大家之论。但由于华人宗教门类繁多冗杂,宗教文化的隐性特质,加之所处在地国的文化融合和社会状态、政治形势的政策变化,诸多因素对华人宗教的生存发展及其过程都会产生深刻的影响,所以对华人宗教的研究多以一宗一派,或某一区域的宗教状态为内容,研究成果也只适用于一宗一派、一地一域,虽能起到管窥之用,但全面概括华人宗教乃至文化传播的系统性归纳并不多见,研究者史海钩沉、田间考察、旁征博引的思考精论散落在论文集里,难以形成官方制定政策的有力参考。所幸华侨大学洞见,组成大师级专家队伍,以张禹东教授为主导,中标国家社科基金重大课题项目"海外华人宗教文献的收集、整理与研究",该课题在对华人宗教包括儒教、佛教、道教、民间信仰等中国传统宗教的文献收集、整理与研究中,从日常生活角度考察华人在海外弘扬传统文化以及与不同文化间的交流共处的方式,探索提升中华文化软实力的途径,给华人宗教研究带来新希望。

随着中国成为世界第二大经济体,大国地位提升,华人宗教与中华文化传播将会有更加丰富的内涵和更长远的战略考量,立足长远,精耕细作,学会用国际语言,讲好中华宗教和文化的故事。

当下,华人宗教已从往日开示华人移民的人性迷惘、救拔人心苦难的初始目的,变化成更为关注于凝聚人心、团结力量、传播文化的长远目标,其过程和实现方式也许可借鉴一些相声海外商演:透过其海外商业演出成功的现象,审视其文化意义内涵,就会发现,首先在于中国经济发展、国力强大、民族复兴而形成的新移民存在,在全球范围内造就了中华文化海外传播的人群基础。可是,当再深入观察时,就会发现,同样的环

---

① 莱斯特·库尔茨:《地球村里的诸神——宗教社会学入门》,北京大学出版社2010年版,第118页。

境基础、人群基础下,国内并非所有的相声演出团体,都能实现海外的商业演出。深层的原因是成功者对中华文化中的传统相声进行了深入研究和挖掘。

这个案例的提示性在于,植根于中华传统文化的华人宗教,对自我传统因素的内向自我发掘、演绎到一定程度,就可能得益于中国复兴所造就海外华人新移民的环境氛围。

任何一种文化体系都涵盖丰富,既有与其他文化体系相通的价值取向,也有独特鲜明的特质。在异质文化环境中,要想深入人心,引起共鸣,突出亮点,需要看清、选准、将资源优势转化为符号,形成品牌效应。如少林寺"禅武精神"的少林功夫。要借助现代文化形式和现代文化传播手段,创造出更多富于时代气息、体现中华文化和华人宗教特色的文化标志、符号、品牌,在不断创新和超越中实现中华文化的现代化重构,赢得世界的尊重。

总的来说,我们可以从国外宗教学者对华人宗教(即他们所谓的"东方宗教")的理解中寻找答案——东方宗教的信徒则与西方相反,他们要么敬拜分工不同的多个神灵,要么膜拜被奉为神灵的凡人,比如佛陀或孔子。这些神灵对信徒既不发号施令,也不插手历史进程,他们似乎更喜欢仅仅是解释一下宇宙运作,告诉人们如何充分利用此生所得。这些神灵教导人们应该确定生命某一阶段的佛法(宗教使命或责任),然后努力实现。根据支配宇宙的因果报应律,一个人如果切实遵守承诺便会得到奖赏,未能完成使命就要受到惩罚。因此,人的责任不像西方宗教中说的那样是去改变世界,而是应该遵循世界规律。——因此,东方宗教中至关重要的不是某个人是否应该按照神灵指示的那样做某件事或不做,而是他能否与宇宙和谐相处。[1]

---

[1] 莱斯利·库尔茨:《地球村里的诸神——宗教社会学入门》,北京大学出版社,2010年第6版,第121页。

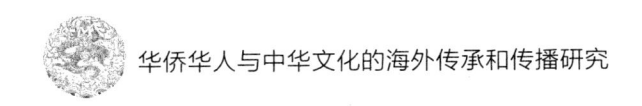

在西方学者眼里,东方宗教更像智慧灯塔般闪烁着光芒。智慧就是华人宗教吸引在地国民众的敲门砖。如果说功夫是东方运用人体力量的智慧,针灸是东方观察人体宇宙运行的智慧……那么华人宗教,就是理解并掌握东方智慧的途径。

附录："华侨华人与中华文化的海外传承和传播研究"课题完成情况

该书是中央社会主义学院统一战线高端智库课题"华侨华人与中华文化的海外传承和传播研究"的成果，课题主持人为赵健，参与人包括李晓宏、王玲玲、梁婷、樊银戈、魏祖秀、项健、程远。课题主要围绕华侨华人在中华文化传承传播方面的基本现状、机遇挑战、作用优势和对策建议开展研究。课题内容主要分为7个部分，分别为华侨华人在中华文化海外传承和传播中的重要作用、华侨华人生活方式与中华文化的海外传承和传播、华侨华人社团与中华文化的海外传承和传播、华文媒体与中华文化的海外传承和传播、华文教育与中华文化的海外传承和传播、海外华商与中华文化的海外传承和传播、华侨华人宗教暨民间信仰与中华文化的海外传承和传播。其中第一部分为总论，第二至第七部分为分述。

为了更好地推进课题研究，课题组广泛收集资料，并通过召开开题研讨会、举办调研座谈会、向专家学者征求意见建议等方式，不断丰富和完善课题研究。

一是召开开题研讨会。课题立项以来，课题组内部先反复推敲，形成了初步的课题大纲和研究思路。2019年12月20日，课题组召开开题研讨会，邀请培训中心主任刘海富、中央统战部十局局长许玉明、九局一级巡视员董传杰，中国新闻社原社长郭招金、中国社会科学院社会学研究所副所长王春光，中央社会主义学院科研处副处长刘英凤、中华文化教研室主任李勇刚等专家学者，对课题大纲和研究思路研提意见建议。会后，课题组根据专家学者的意见建议修改大纲、收集资料，并完成了课题初稿的写作。

二是与海外统战工作培训班侨务干部进行座谈调研。课题组充分借助中央社院承办两期全国统战系统海外工作培训班的契机，进行随班调研。课题组提前设计好调研问题，并委托中央社院提前发给来参加培训的侨务干部。调研问题包括：贵单位开展了哪些侨务文化交流工作，举办了哪些品牌活动，成效如何，有哪些经验和启示？如何加强对海外华侨华人开展文化活动的引导？在发掘华裔新生代文化传播作用、涵养侨务文化资源方面采取了哪些举措，取得了哪些成效？课题组分别于2020年11月18日、12月2日，两次前往中央社院与海外统战工作培训班干部进行座谈调研。参加座谈调研的有来自全国各个省市的12位侨联领导干部、14位侨办领导干部，他们结合各自的工作实际和先进经验，为课题组提供了丰富的素材和翔实的意见建议。课题组结合他们的意见建议，进一步丰富了课题，形成了第二稿。

三是向专家学者和业务局领导征求意见建议。2020年12月，课题组将第二稿发给华侨华人和侨务工作领域的相关专家学者，包括北京大学世界史研究院教授吴小安、华侨大学海外华人宗教与闽台宗教研究中心主任张禹东、厦门大学南洋研究院前院长庄国土、暨南大学国际关系学院前院长曹云华、厦门大学公共事务学院教授李明欢等专家学者，以及中央统战部九局局长刘春峰、十局局长许玉明，向他们征求意见建议。专家学者和业务局领导从各自的角度，均对课题给予了中肯的评价，并从研究方法、表述方式、数据案例等方面，提出了大量有益的意见建议。课题组结合专家学者和业务局领导的意见建议，进行了修改完善，形成了第三稿。

四是结合公开出版的规范要求进行了修改完善。我们请中央统战部相关业务局对课题的公开出版情况进行审核把关，结合出版社基于出版规范所提出的意见建议，进行了完善，最终完成课题并形成该课题成果。

该课题在立项和修改过程中得到中央社院领导和科研部的大力支持，在此一并感谢。

课题组

2021 年 1 月 7 日

参考文献

著作类

[1] 程裕祯：《中国文化要略》，外语教学与研究出版社2017年版。

[2] 高伟浓：《清代华侨在东南亚》，暨南大学出版社2014年版。

[3] 戈公振：《中国报学史》，湖南大学出版社2014年版。

[4] 贾益民、张禹东、庄国土：《华侨华人研究报告（2020）》，社会科学文献出版社2020年版。

[5] 蒋坚永、徐以骅：《中国宗教走出去战略论集》，宗教文化出版2015年版。

[6] 李明欢：《当代海外华人社团研究》，厦门大学出版社1995年版。

[7] 刘琛、王丹丹、宋泽宁等：《海外华侨华人对中华文化的传承与传播》，北京大学出版社2018年版。

[8] 李宽松、罗香萍：《中国传统文化概论》，中山大学出版社2018年版。

[9] 丘进：《华侨华人研究报告（2011）》，社会科学文献出版社2011年版。

[10] 石沧金：《海外华人民间宗教信仰研究》，学林书局2004年版。

[11] 吴凤斌：《东南亚华侨通史》，福建人民出版社1994年版。

[12] 汪毅夫：《从福建方志和笔记看民间信仰》，福建教育出版社2006年版。

[13] 王介南：《中外文化交流中国与东南亚文化交流志》，上海人民出版社 2010 年版。

[14] 王辉耀：《世界华商发展报告 2017》，中国华侨出版社 2017 年版，第 91 页。

[15] 王辉耀、苗绿：《国际人才蓝皮书：海外华侨华人专业人士报告（2014）》，社会科学文献出版社 2014 年版。

[16] 王恩涌：《文化地理学导论——人·地·文化》，高等教育出版社 1989 年版。

[17] 王静怡：《中国传统音乐在海外的传播与变迁——以马来西亚为例》，人民出版社 2009 年版。

[18] 严晓鹏、郑婷等：《中国语言文化在海外华侨社会中的传播研究》，浙江工商大学出版社 2018 年版。

[19] 杨锡铭主编：《海外潮人史话》，中国文史出版社 2009 年版。

[20] 赵健、王玲玲等：《海外华侨华人与中国公共外交的拓展研究》，中国华侨出版社 2016 年版。

[21] 赵健主编：《中国侨务工作概览》，暨南大学出版社 2018 年版。

[22] 赵红英、张春旺：《华侨史概要》，中国华侨出版社 2015 年版。

[23] 朱东芹、胡越云、孙达：《多元视角下的海外华侨华人社会发展》，社会科学文献出版社 2018 年版。

[24] 张岱年、方克立：《中国文化概论》，北京师范大学出版社 2004 年版。

[25] 张江：《建设新时代社会主义文化强国》，中国社会科学出版社 2019 年版。

[26] 中共中央文献研究室编：《习近平关于社会主义文化建设论述摘编》，中央文献出版社 2017 年版。

[27]《中华文化与华侨华人》，知识出版社 2015 年版。

[28]《皇越地舆志》卷一《顺北》，摘自中国社会科学院历史研究所：

《古代中越关系史资料选编》，中国社会科学出版社 1982 年版。

[29]（宋）周去非：《岭外代答校注》，中华书局 1999 年版。

[30]［意］拉菲尔·欧利阿尼、［意］李卡多·斯达亚诺：《不死的中国人》，邓京红译，社会科学文献出版社 2011 年版。

[31]［美］莱斯特·库尔茨：《地球村里的诸神——宗教社会学入门》，北京大学出版社 2010 年版。

[32] 郭芮：《传承华侨历史文化展现侨乡文化魅力》，《侨务工作研究》2017 年第 6 期。

[33] 陈志明：《海峡殖民地的华侨——峇峇华侨的社会与文化》，载林水檺、骆静山编：《马来西亚华人史》，马来西亚留台校友会联合总会，1984 年。

[34] 陈春声：《侨乡的文化资源与本土现代性：晚清以来潮汕地区善堂与大峰祖师崇拜的研究》，载刘宏主编：《海洋亚洲与华人世界之互动》，华裔馆 2007 年版。

[35] 黄英湖：《五缘文化与海外华侨华人社团组织》，福建省五缘文化研究会五缘文化力研究——福建省五缘文化研究会学术研讨会论文集，2002。

[36] 黄英湖：《访菲、印尼后谈当地侨情和公共外交》，"华侨华人与中国周边公共外交"研讨会，2014 年 5 月 27-28 日，厦门，华侨大学。

论文类

[1] 曹雨：《海外华人的饮食文化自我认同》，《浙江学刊》2019 年第 5 期。

[2] 蔡高茂、张其成：《海外中医制度文化之探索马来西亚中西医结合概况与发展战略初探》《世界中医药》2018 年第 11 期。

[3] 蔡熙：《关于文化间性的理论思考》，《大连大学学报》2009 年第 1 期。

[4] 陈秋平：《从民间信仰到正信：马来西亚移民佛教的转型》，载《首

届华人宗教国际学术研究会华人移民与宗教文化》论文集。

[5] 陈伟明、侯波：《20世纪以前的南洋华侨在中外饮食文化交流中的作用》，《东南亚研究》2006年第1期。

[6] 陈骥、乐意、何姗、唐小云：《〈中医海外传播〉任选课的教学设计及教材编写初探》，《成都中医药大学学报》（教育科学版）2017年第6期。

[7] 陈小平、冯雅婷：《"海外本土中医"的"文化间性"形态——以"体质／状态针灸"为例》，《广西民族大学学报》（哲学社会科学版）2019年第4期。

[8] 程小敏、桑建：《探究中餐海外发展困局与走出去策略》，《扬州大学烹饪学报》2012年第3期。

[9] 陈贤茂：《海外华文文学的前世、今生与来世》，《华文文学》2017年第2期。

[10] 陈鹏勇：《"一带一路"战略视域下的华文教育发展研究》，《高教探索》2017年第6期。

[11] 丰子义：《中国文化如何走向世界》，《前线》2019年第6期。

[12] 范钰湘：《独辟蹊径的音乐探索思路》，《玉溪师范学院学报》2014年第8期。

[13] 冯立军：《古代华侨华人与中医药在东南亚的传播》，《华侨华人历史研究》2003年第1期。

[14] 高静、郑晓红、孙志广：《"一带一路"背景下中医药海外中心建设与发展》，《南京中医药大学学报》（社会科学版）2020年第2期。

[15] 高玛莉：《美国中医药和中医教育的发展》，《八桂侨刊》2000年第3期。

[16] 高伟浓、张应进：《对东南亚华人社团的整体性观察：渊源、功能、现状与前景》，《东南亚纵横》2015年第12期。

[17] 耿红卫：《海外华文教育的演进历程简论》，《民族教育研究》2009第1期。

[18] 黄霞:《海上丝绸之路华侨华人的音乐文化认同探析》,《文化创新比较研究》第 34 期。

[19] 黄如捷:《战后海外中餐业发展剖析》,《华侨华人历史研究》1991 年第 2 期。

[20] 韩俊红:《传统中医药海外发展的澳大利亚模式与启示》,《广西民族大学学报》(哲学社会科学版) 2019 年第 6 期。

[21] 虎啸:《学习东北抗日联军的教训》,《救国时报》1936 年第 25 期。

[22] 郝洪梅、高伟浓:《关于当前美国华人餐馆业处境的思考》,《中国发展》2005 年第 1 期。

[23] 计红芳:《论欧洲华文文学的阶段性发展》,《常州工学院学报》(社科版) 2019 年第 5 期。

[24] 贾益民:《新时代世界华文教育发展理念探讨》,《世界汉语教学》(第 32 卷) 2018 年第 2 期。

[25] 金程斌:《新时期华侨华人与中华文化传播管窥》,《侨务工作研究》2015 年第 5 期。

[26] 刘海铭:《美国华人餐饮业及其文化认同》,《华侨华人历史研究》2008 年第 1 期。

[27] 刘素民:《亚洲华侨华人宗教特征研究》,《东南学术》2008 年第 3 期。

[28] 陆跃、邵晓龙、陈仁寿、张宗明:《在助力全球抗击疫情中推动中医药文化海外传播》,《中医药文化》2020 年第 3 期。

[29] 罗晃潮:《华侨华人与中华文化海外传播》,《岭南文史》1998 年第 2 期。

[30] 鲁旭:《中医文化的海外传播与翻译》,《晋阳学刊》2019 年第 3 期。

[31] 李爱慧、张强:《美国华人文艺团体及其功能探析》,《八桂侨刊》2017 年第 1 期。

[32] 李海峰:《发挥侨务优势弘扬传统文化》,《求是》2012 年第 8 期。

[33] 李其荣:《华侨华人在海外传播中华文化新探》,《广西民族大学学报》2013 年 3 月第 2 期。

[34] 刘华、程浩兵:《近年来海外华文教育发展的现状、问题及趋势》,《东南亚研究》2014 年第 2 期。

[35] 刘芳彬:《华侨华人与中华文化国际传播》,《八桂侨刊》2018 年第 3 期。

[36] 李鸿阶:《发挥华商组织网络作用 服务"一带一路"建设》,《侨务工作研究》2018 年第 2-3 期。

[37] 吕心欢、张立平:《基于网络数据的海外中医师从业困境分析》,《世界中西医结合杂志》2020 年 5 月 28 日。

[38] 马炎妹:《长乐市猴屿乡华侨华人社团慈善捐赠研究》,福建农林大学硕士学位论文,2017 年。

[39] 马潇骁:《海外中国传统节日的变迁与华人身份认同》,《贵州民族研究》2018 年第 2 期。

[40] 苗怀明:《现代海外华人社会的形成与中国小说、戏曲的传播、接受》,《河南社会科学》2012 年第 2 期。

[41] 蒙英华:《海外华商网络与中国对外贸易》,厦门大学博士学位论文,2008 年。

[42] 欧荔:《"一带一路"战略背景下中华饮食文化建设的新思考》,《福建省社会主义学院学报》2017 年第 2 期。

[43] 潘岳:《中华文明要为建构人类共同价值提供重要支撑》,《山东省社会主义学院学报》2017 年第 1 期。

[44] 潘岳:《中华共同体与人类命运共同体》,《学习时报》2018 年 12 月 19 日。

[45] 齐秋萍:《印尼华文报纸副刊历史与现状综论》,暨南大学硕士学位论文,2016 年。

[46] 饶芃子:《世纪之交:海外华文文学的回顾与展望》,《暨南学报》

（哲学社会科学）2000年第4期。

[47] 任娜:《海外华人社团的发展现状与趋势》,《东南亚研究》2014年第2期。

[48] 任泽雨、徐良:《海外侨胞在"一带一路"建设中传播中华优秀传统文化的对策研究》,《中共南宁市委党校学报》2019年第6期。

[49] 沈燕清:《美洲华侨与中医药的发展》,《八桂侨史》1998年第3期。

[50] 石沧金:《马来西亚闽籍华人的宗乡组织及其社会参与》,《闽台文化研究》2010年第2期。

[51] 谭天星:《充分发挥华侨华人优势 推动中华文化走出去——学习贯彻习近平总书记视察暨南大学时重要讲话精神的体会》,《中国统一战线》2019年第2期。

[52] 田静、苏新春:《文化互动视野下的"大华语"概念新探》,《新疆社会科学》2018年第5期。

[53] 王才勇:《文化间性问题论要》,《江西社会科学》2007年第4期。

[54] 王耀华、赵志安、郭小利:《中国当代音乐海外传播的路径创新论》,《中国音乐学》2018年第3期。

[55] 王爱平:《宗教对印尼华人融入当地社会的作用——以印尼孔教、三教为例》,《世界民族》2010年第5期。

[56] 肖炜蘅:《海外华人文化社团浅析》,《八桂侨史》1997年第4期。

[57] 邢菁华、张洵君:《"一带一路"与华商网络:一项经济地理分析》,《浙江学刊》2020年第3期。

[58] 邢菁华:《全球抗疫命运与共 华侨华人共克时艰》,《华侨华人历史研究》2020年第2期。

[59] 游国龙:《公共外交与华侨华人软实力》,"华侨华人与中国周边公共外交"研讨会论文,2014年5月,华侨大学。

[60] 姚朝文:《海外华人迁徙血泪与华文文学播散的方向》,《佛山科学技术学院学报》（社会科学版）2004年第1期。

[61] 叶彦：《东南亚华侨华人音乐社团功能研究》，《乐器》2017年第3期。

[62] 于向东：《开展对越南华人工作的一些思考》，"华侨华人于中国周边公共外交"研讨会，2014年5月，华侨大学。

[63] 曾玲：《宗乡社团的推动与新世纪以来的新加坡华人文化》，《华侨华人历史研究》，2018年第3期。

[64] 曾毅平：《海外华文教育的生态环境》，《云南师范大学学报》（对外汉语教学与研究版）2019年第17卷第6期。

[65] 庄国土：《二十一世纪初期海外华侨华人社团发展的特点评析》，《南洋问题研究》，2020年第1期。

[66] 赵娜娜：《当代新马粤籍华团文化功能的发展》，《科技博览》2017年第27期。

[67] 赵娜娜：《二战后新马粤籍华侨华人社团文教功能的发展和变迁》，《八桂侨刊》2018年第2期。

[68] 赵志安：《美国华人音乐社团的中国民族音乐文化传播》，《音乐文化交流与传播》2013年第2期。

[69] 钟新、邝西曦：《新丝绸之路外交：促进中国与周边国家多主体之间良性互动》华侨华人与中国周边公共外交研讨会论文，2014年5月，华侨大学。

[70] 张禹东：《海外华人传统宗教与社会和谐——以东南亚为例的观察与思考》，《华侨大学学报》（哲学社会科学版）2011年第3期。

[71] 张禹东：《东南亚华人传统宗教的构成、特性与发展趋势》，《世界宗教研究》2005年第一期。

[72] 张秀明：《华侨华人与"一带一路"视野下的跨文化交流》，《西北工业大学学报》（社会科学版）2019年第2期。

[73] 张凯滨：《海外中餐馆与中华文化走出去——一种普通媒介学的视角》，《中州学刊》2018年第12期。

[74] 张青仁:《中国春节在欧洲》(下),《节日研究》2013年第2期。

[75] 张经武:《中国文学在东南亚传播的历史脉络与多元路径》,《东岳论丛》2019年第7期。

[76] 张赛群:《华侨华人与"海上丝绸之路":基于历史和现实的思考》,《东南亚纵横》2017年第3期。

[77] 张颖:《华侨华人力推中华文化海外传播途径研究》,《长沙大学学报》2018年第32期。

[78] 庄为玑《关羽崇拜在国外》,《泉州鲤城文史资料》1991年第6-7合辑。

[79] 广府华侨文化肇庆篇课题组:《略论广宁侨民在马来西亚的生根与镶嵌》,《东南亚纵横》2015年第6期。

[80] 国文:《中医药推广列入惠侨计划》,《中医药管理杂志》2014年第6期。

[81] 上海中医药大学国际教育学院国际交流处:《中医药"走出去"论坛暨华侨华人社团负责人研习班开幕》,《中医药文化》2015年第8月15日第8期。

[82]《中国中医专家团在老挝开展义诊交流活动》,《中医药导报》2012年第8期。

[83]《越来越多的"老外"过春节》,《招商周刊》2003年第1期。

[84] 庄伟杰:《域外汉字文化圈与海外华文文学》,《云梦学刊》2014年第3期。